本书受甘肃省社科规划项目“甘肃省农村闲置宅基地治理法律问题研究”（项目批准号：YB033）、
西北民族大学国家民委重点建设学科资助项目资助。

Study on the Legal Issues of
Rural Idle Homestead Governance

农村闲置宅基地治理法律问题研究

祁全明 著

法律出版社
LAW PRESS · CHINA

前　言

我国现有的农村宅基地制度是新中国成立以后所确立的保障农民基本生存和生活发展的一项重要财产性权利。在60多年的发展过程中,宅基地对农民安居和农村稳定起到了非常重要的作用。“一户一宅”等制度的规定对我国耕地保护和粮食安全意义明显。但是,随着我国工业化和城镇化进程的不断加快,大量农村人口涌入城市寻求发展。再加上原有制度设计的缺陷等原因,导致农村出现大量闲置的宅基地和闲置房屋,造成了大量土地资源的浪费。不仅对农民财产权利的实现非常不利,而且会影响我国农村社会的稳定。据统计,全国闲置的宅基地占到全国宅基地数量的10%,如果按照实际占用面积来算,相当于2400万亩土地的浪费,数量惊人。因此,研究闲置宅基地的治理问题，既是新时期我国土地集约节约利用的实际需要，也是实现农民财产权利的重要途径，对维护农村社会稳定和实现全面建成小康社会有重要意义。

本书按照提出问题→文献梳理→实证调研→发现问题→因素分析→提出对策的思路展开论述，运用文献梳理、实证调研和系统分析的方法，对闲置宅基地的相关概念、我国宅基地闲置情况、闲置宅基地治理的基本原理和原则以及可行性、闲置宅基地的流转、闲置宅基地的有偿退出、闲置宅基地的开发利用等方面系统研究，提出了我国治理闲置宅基地的具体制度建议。主要内容包括：

第一章主要介绍了农村闲置宅基地的基本情况。一是区别了闲置土地、闲置宅基地、闲置房屋、“空心村”等相关概念，认为闲置宅基地属于闲置土地（其中包括城市闲置土地和耕地抛荒等）的一种类型，主要是由于房屋的闲置导致了宅基地的闲置。当闲置宅基地达到一定规模的时候就会形成“空心村”。通过文献梳理和实际调研，发现目前我国闲置宅基地的面积大约占到全国宅基地面积的10%，而且远郊和近郊闲置情况不同。根据宅基地闲置的情况，将闲置宅基地分为绝对闲置与相对闲置、长期闲置与短期闲置、全部闲置与部分闲置、故意闲置与无意闲置、自愿闲置与被迫闲置、近郊闲置与远郊闲置等类型。二是对闲置宅基地的形成原因进行了分析，提出由于传统文化及历史的原因以及利益驱动等主观原因，城镇化的历史必然和村庄规划不合理等客观原因造成了宅基地的闲置。这些闲置的宅基地不仅影响我国农村社会稳定，而且对我国土地资源造成了极大的浪费。

第二章是通过实证调研提出问题，并以此为基础对闲置宅基地治理进行分析。笔者分别于2014年8月和2015年7月前往古浪县和张家川回族自治县进行调研。主要围绕农村土地的确权颁证情况,宅基地的闲置情况,农村宅基地的流转、退出和土地承包经营权的流转等问题展开调研,较为全面地掌握了古浪县和张家川县农村土地确权、流转和退出等相关问题的第一手资料。通过调研发现,闲置宅基地在农村普遍存在隐形流转,而且由于确权颁证的滞后性,导致纠纷也比较多。就宅基地的退出来看,两个县通过利用新农村建设引导农民退出宅基地,同时提供相应的就业途径和补助来保障农民退出宅基地的生活。但是也存在乱占乱建、监管不力、非法流转和强制退出等问题。同时,从农民、村集体经济组织和政府三方分析了对闲置宅基地治理的不同态度。

第三章介绍了闲置宅基地治理的现有规定和实践,并进行简要的分析与评价。从我国目前现有的规定来看,我国没有明确的关于闲置宅基地及其治理的法律规定,只是在《土地管理法》和其他部门规章中提到要合理利用闲置宅基地。地方政府中广西壮族自治区和浙江省淳安县分别出台了专门的闲置宅基地治理办法。分析现有的这些规定可以发现,我国现有的关于闲置宅基地治理的规定虽然数量多,但是存在效力层次低、规定混乱等问题。即便是地方出台的关于闲置宅基地治理的文件,对闲置宅基地的定义、治理措施等都存在不同的规定。我国目前已经存在的农村宅基地改革模式主要有市场机制下的有偿使用模式,上海、嘉兴、天津等地实行的宅基地换房模式,农房(宅基地)抵押模式和成都的联建房模式。但是,都存在对现有法律的突破、试点的局限性等问题。因此,应该在全国范围内进行闲置宅基地的调查研究,综合考虑各地区的实际情况,合理界定闲置宅基地的适用对象和范围,有序分类,制定闲置宅基地治理的全国统一性规定。

第四章主要围绕闲置宅基地治理的理论基础、必要性和可行性、基本原则进行分析。合理清晰的产权界定是闲置宅基地治理的前提，保障农民的基本生存和土地发展权的实现是治理的核心，实现效率和公平的兼顾以及城乡统筹发展是闲置宅基地治理的重要价值和目标。因此，在闲置宅基地治理中必须坚持明晰产权、保障农民权益，因地制宜，实施耕地保护和用途管制，公众参与，使农民成为主体，规划先行，严格落实执行的原则。闲置宅基地的治理不仅是促进土地节约保护的需要，而且是增加农民财产收益和维护农村社会稳定发展的需要。闲置宅基地治理的可行性是建立在国家、地方和农民三个层面的基础支撑之上的。有国家法律政策层面的制度支持、地方政府的积极实践、农民要求治理的强烈意愿，才能实现闲置宅基地的有效治理。

第五章对闲置宅基地的流转和未来制度设计进行了研究。通过考察我国宅基地流转的历史及其规定，认为应该积极推进闲置宅基地的流转，促进农民财产权利的实现和利益的保护。从目前法律规定来看，除了在试点地区进行宅基地的抵押流转之外，其他地方仍然不允许宅基地的流转。但是实践中存在大量的隐形流转，包括对闲置宅基地的买卖等。这些隐形流转存在很多问题，包括集体收益的损失、交易安全存在隐患、随意变更土地用途导致的土地管制失效和收益分配不公所引发的农民利益损失。导致这些问题出现的主要原因是现有土地供求关系失衡、城乡利益关系失衡、政府监管和法律规定缺位等。实行农民自愿，体现农民主体地位原则，兼顾效益与保障原则，强化政府尽责监督原则和引导利益合理分配的原则，合理设计闲置宅基地流转的条件和程序，允许闲置宅基地通过买卖、抵押、出租、征收、继承等方式实现流转。同时，通过税收、偏远地区宅基地的复垦和转移支付等利益分享机制、社会保障机制和监督监管机制来实现闲置宅基地的有效流转。

第六章对闲置宅基地的有偿退出进行了研究。认为闲置宅基地的退出主体应该是农民,在充分尊重农民意愿的前提下进行退出,不能强制农民上楼。部分省市的退出实践是闲置宅基地退出的经验基础,而随着宅基地自愿有偿退出试点改革的推行,将使闲置宅基地的退出获得制度支持。但是通过调研发现,在实践中影响农民退出宅基地的关键因素主要是启动主体的差异、补偿标准和方式的不同、配套措施的完善与否、宅基地所处位置等其他因素。这些因素导致在闲置宅基地退出中出现农民主体地位的缺失与利益的受损和宅基地退出的补偿标准和程序混乱,再加上缺乏相关衔接机制和后续治理机制,使农民不愿意退出闲置宅基地,宅基地退出工作较难推进。应该制订明确的补偿标准和程序、加快建立相关配套机制建设,如推进户籍制度改革、相关就业政策的衔接、完善城乡教育政策的衔接、建立统一的土地市场、建立“逆城市化”的保障机制等,同时要建立合理的利益分配机制,限制政府在退出中进行收益的权利,使农民能够真正享受闲置宅基地退出的利益。

第七章主要讨论分析了闲置宅基地的开发利用模式。以国家提倡和推动的休闲农业为视角,结合目前我国已经存在的闲置宅基地整体开发模式、“农家乐”模式和特色产业发展模式,论述了闲置宅基地开发利用的重要现实意义。随着互联网的不断发展和互联网农业的出现,使农村宅基地的价值得以增加,应该鼓励互联网企业通过建造物流园区和信息服务站有效利用闲置宅基地。笔者认为,闲置宅基地的开发利用,不仅可以有效提高宅基地使用效率,而且可以增加农民收入,美化农村环境,但是也要在符合土地利用规划和管制的前提下进行开发利用。由政府提供开发利用的平台,引入社会资金共同开发运营,最大限度地发挥宅基地的作用,促进农村发展。

第八章是关于闲置宅基地治理的具体制度设计与建议。应该加强闲置宅基地的治理,制定农村宅基地管理法,用专章规定闲置宅基地的治理问题,通过多种途径实现闲置宅基地治理的有效性。结合前面提到的闲置宅基地的流转、退出和开发利用,制定闲置宅基地治理的具体条文,并进行了说明。同时提出要进行相关配套措施的完善,如实施超标宅基地的有偿使用、考虑"逆城市化"下的返乡农民住房保障、注重农村传统文化的传承与发展、借助精准扶贫和生态移民的方式、设立国家再担保基金保障农宅抵押的实现等。并对这些措施进行可行性分析,希望能对我国闲置宅基地制度改革起到一定的参考意义。

目录

绪　论/1

一、选题背景及意义/1

二、国内外研究现状/4

三、本书的研究思路、研究方法和可能的创新与不足/10

第一章　农村闲置宅基地问题概述/14

第一节　闲置宅基地的理论界定/14

一、闲置宅基地与闲置房屋等相关概念界定/14

二、农村闲置宅基地的总体现状/21

三、闲置宅基地的分类/25

第二节　闲置宅基地的形成原因/28

一、闲置宅基地形成的主观原因/28

二、城镇化的历史必然及其他客观原因分析/33

第三节　闲置宅基地的危害/36

一、对我国耕地保护和粮食安全造成威胁/36
二、部分农民居住权利难以得到保障/37
三、容易引发各种纠纷/38
四、影响村庄规划和新农村建设/39

第二章　闲置宅基地实证调研与问题的提出——以甘肃省为例/41

第一节　古浪县和张家川回族自治县调研情况介绍/41
一、古浪县的基本情况/41
二、张家川回族自治县的基本情况/42

第二节　闲置宅基地治理的具体做法和成效/43
一、关于农村土地和宅基地确权/43
二、宅基地闲置的基本情况/46
三、关于闲置宅基地流转/47

第三节　调研中发现的问题及政府对策与民意/50
一、调研中发现的问题/50
二、调研地的地方政府现行的主要对策/52
三、当地目前的民意/55

第三章　闲置宅基地治理的主要法律规定与实践及分析/58

第一节　闲置宅基地治理的主要法律规定与分析/58
一、现行主要规范/58

二、对现有规定的简要分析和评价/61
第二节 地方立法改革和实践的主要做法/62
一、广西壮族自治区的具体做法/62
二、浙江省淳安县的做法/63
三、对现有实践模式的简要分析/64
第三节 农村产权制度改革试点地区的各种做法/66
一、宅基地换房模式/66
二、成都联建房试点/70
三、宅基地的有偿使用/72
四、农房(宅基地)抵押模式/74

第四章 闲置宅基地治理的理论基础、可行性和基本原则/79
第一节 闲置宅基地治理的理论基础/79
一、产权理论/79
二、生存权与土地发展权理论/81
三、效率与公平理论/84
四、城乡统筹发展理论/86
第二节 闲置宅基地治理的必要性和可行性分析/87
一、闲置宅基地治理的必要性/87
二、闲置宅基地治理的可行性/92
第三节 闲置宅基地治理的基本法律原则/94
一、明晰产权,保障农民权益/95
二、因地制宜,实施耕地保护和用途管制/96

三、公众参与，农民成为改革的主体/97
四、规划先行，严格落实执行/99

第五章　闲置宅基地流转的现状及未来/101
第一节　闲置宅基地流转的现状/101
一、关于宅基地流转的立法考察/101
二、关于闲置宅基地流转的社会考察/106
第二节　闲置宅基地流转存在的问题及原因/109
一、闲置宅基地流转中的主要问题/109
二、闲置宅基地流转出现问题的主要原因/115
第三节　城郊和偏远地区宅基地转用途的利益平衡机制/119
一、通过税收实现城郊宅基地转为城市建设用地的利益平衡/119
二、偏远地区无法流转出去的宅基地的复耕/120
三、城郊土地发展权出让后补偿金向偏远地区转移支付/121
四、闲置宅基地治理中不同主体的利益分享分析/123
第四节　闲置宅基地流转的路径与未来制度设计/124
一、闲置宅基地流转的原则/124
二、流转的前提/126
三、流转的方式和条件/131
四、流转的制度保障/137

第六章 闲置宅基地有偿退出的现状及未来/141

第一节 闲置宅基地有偿退出的界定/141

一、闲置宅基地有偿退出的要素/142

二、闲置宅基地的有偿退出机制/145

第二节 闲置宅基地退出的主要规定与地方实践/146

一、闲置宅基地退出的相关规定/146

二、闲置宅基地退出的地方实践/150

第三节 闲置宅基地有偿退出的问题及其影响因素/155

一、有偿退出存在的主要问题/155

二、闲置宅基地有偿退出的影响因素/162

第四节 闲置宅基地有偿退出的合理性分析/165

一、闲置宅基地退出立法取向的合理性分析/165

二、集体经济组织的无力购买和社会资本的引入/168

第五节 闲置宅基地退出的具体制度设计及理由/170

一、坚持自愿原则,保护农民利益/170

二、制定明确的补偿标准和程序/171

三、加快建立相关配套机制/175

四、建立合理的利益分配机制/179

五、切实强化履行政府职责/179

第七章 闲置宅基地的开发利用研究/181

第一节 闲置宅基地开发利用的原则/181

一、因地制宜原则/182
二、协调统一原则/183
三、自愿原则/183
第二节　休闲农业下的闲置宅基地开发利用/184
一、整体开发模式/185
二、"农家乐"模式/187
三、特色产业发展模式/188
第三节　互联网农业下的闲置宅基地开发利用/189
一、互联网对农村宅基地的影响/190
二、互联网农业下闲置宅基地的开发利用/192
第四节　开发利用闲置宅基地的启示与建议/195
一、政府通过税收等优惠措施吸引资金进行开发利用/196
二、严格规划,挖掘农村特色进行开发利用/197
三、充分利用互联网等技术开发利用闲置宅基地/197
四、建立合理的利益分配和共享机制/198

第八章　闲置宅基地治理的整体制度设计/199
第一节　制定农村宅基地管理法/199
一、现有基本法律规定的缺失/199
二、其他规定效力太低/200
三、农村现实的需要/201

第二节 未来处置闲置宅基地的具体制度体系设置/201
一、基本概念和范围/202
二、治理的基本原则/202
三、治理的主要方式/202
四、具体条文设计及说明/203
第三节 其他配套法律措施的制度设计/211
一、实施农村宅基地有偿使用/211
二、考虑“逆城市化”趋势下农民工回乡养老需求的协调/212
三、注重农村传统文化的传承与发展/213
四、通过生态移民、精准扶贫治理闲置宅基地/214
五、设立农宅抵押的国家再担保基金/215
第四节 制度设计的可行性分析/218
一、宅基地改革试点提供的良好契机/218
二、相关法律的修改和制度的完善提供的制度支持/219
三、地方实践提供的经验支持/222

参考文献/224

附录:农村宅基地调查问卷/241

后 记/246

绪 论

一、选题背景及意义

(一)论文选题的背景

随着我国经济发展和城镇化率的不断提高,每年有大约数千万农村人口涌入城市,使许多地方的农村出现了“空心村”现象。主要原因是对于进城的农民来说,他们并不愿意放弃自己在农村的土地,包括承包地和宅基地,还有房屋。但是,由于无人居住,这些宅基地和房屋就成了闲置的房屋和宅基地。这些闲置宅基地已经形成一定规模,占到全国2.4亿亩宅基地面积的10%左右。闲置的宅基地和房屋不仅对农户自身的权益是一种损失,而且是对我国耕地保护制度和粮食安全的极大威胁。党的十八届三中全会明确提出,要保障农户宅基地用益物权,进行宅基地改革试点,慎重稳妥推进农民住房财产权,包括宅基地的抵押等流转。2014年中央农村工作会议已经提出要重视农村留守问题和“空心村”问题,对农村土地和环境进行整治。2015年全国人大已经授权部分省市开始试点宅基地制度的改革。本书以此为背景和出发点,着力研究闲置宅基地的现状、原因与危害,通过梳理闲置宅基地的相关规定和实践做法,论证闲置宅基地治理的原则和可行性。重点围绕闲置宅基地的流转、退出和开发利用,从理论上厘清闲置宅基地的基本概念,有针对性地提出治理的措施和建议,对于农户宅基地用益物权的保障、增加农民财产性收入和解决“空心村”问题具有重要的理论意义和实践价值。

(二)选题的理论和实践意义

1. 选题的理论意义

(1)准确界定“闲置宅基地”,明确闲置宅基地的法律定位

目前,关于农村闲置宅基地的研究并没有严格将闲置宅基地、闲置土地、闲置房屋和“空心村”等相关概念区别开来,导致对闲置宅基地的定义没有统一的认识和界定。因此,应该通过大量的实证调查和分析,结合我国农村实际情况和相关法律法规,准确界定闲置宅基地的含义,明确闲置宅基地的法律定位。

(2)充分认识闲置宅基地造成的危害

虽然各地宅基地闲置状况不一,但总体来看,我国闲置宅基地面积已经占全国2.4亿亩宅基地面积的10%左右,是一个非常庞大的数字。如此规模的宅基地闲置,既是对我国有限土地资源的极大浪费,也会危及我国的粮食安全。同时,闲置宅基地导致的“空心村”问题也会危及农村社会的稳定和农业现代化的进程。因此,应该充分认识这些危害并积极加以解决。

2. 选题的实践意义

(1)保障农户宅基地用益物权的需要

我国《物权法》规定了农户的宅基地使用权,但是由于法律规定的抽象性和城镇化进程的加快,农户拥有的宅基地使用权很难得到有效保障。各地都在以各种名义对农户闲置宅基地进行利用,改变了宅基地的社会保障性质,侵害了农户的宅基地使用权。因此,应该明确闲置宅基地治理中农民参与的主动性,确保农户宅基地用益物权的实现。

(2)增加农民财产性收入渠道的现实需要

目前,我国大部分的农民除了依靠耕作土地和打工获取基本生活收入以外,很难从其他渠道获得财产性收入。由于目前法律规定宅基地不允许流转,农民即使拥有宅基地也无法通过宅基地本身来增加财产性收入,造成了大量的宅基地闲置浪费。因此,可以通过各种方式使闲置的宅基地能够“活”起来,多渠道增加农民的财产性收入。

(3)治理“空心村”和维护农村稳定,推进农村现代化的需要

“空心村”的形成是由于大量宅基地和房屋被闲置而出现的一种现象。“空心村”内的房屋由于长期无人居住管理,闲置房屋大多年久失修,荒草满院,容易倒塌,对人身安全构成威胁,并成为村庄卫生防疫的死角。同时,闲置宅基地和房屋往往容易成为各种不法分子藏匿的“天堂”,诱发各种新的违法犯罪活动。长此以往,将会影响农村的治安,增加农村的不稳定因素。闲置宅基地的治理对于“空心村”问题的解决和农村社会的稳定有重要实践意义。

(4)为我国《土地管理法》等相关法律的修改制定提供立法建议

由于我国目前关于宅基地的法律法规比较零散和抽象,关于闲置宅基地的法律法规也比较少,无法有效解决实践中日益增多的闲置宅基地纠纷。希望能够通过本书,为我国《土地管理法》的修改和农村宅基地管理法的制定提供立法建议。

二、国内外研究现状

(一)国内研究现状

针对我国农村大量存在的宅基地闲置和“空心村”问题,已有学者在全国各地做了很多调查研究并发表了相关研究成果。通过论文检索,目前还没有关于闲置宅基地研究的博士学位论文,专门研究闲置宅基地的硕士学位论文有7篇,关于宅基地的博士学位论文有15篇,部分内容涉及闲置宅基地的问题研究,涉及闲置宅基地研究的期刊论文1203篇。综合这些文献来看,目前国内对于闲置宅基地的研究主要集中在以下几个方面:

一是对闲置宅基地的界定,包括闲置宅基地的定义、与闲置土地和“空心村”的关系等。学界对闲置宅基地有广义和狭义的界定,但还没有一个统一的和明确的定义。有学者认为,闲置宅基地属于闲置土地的一种类型,从闲置土地的角度对闲置宅基地作出分析(王滔、段建南,2012年;[①]孙丽青,2013年[②])。关于闲置宅基地,学者的界定主要涉及闲置宅基地和闲置房屋的关系问

---

① 王滔、段建南、杨君:《基于“三个最严格”的农村闲置土地问题分析》,载《江苏农业科学》2012年第8期。

② 孙丽青:《关于农村闲置土地综合治理的思考》,载《山西党校报》2013年6月15日,C02版。

题,认为闲置宅基地在广义上应该包括闲置房屋(谢娜,2011年)。[①] 有学者从闲置房屋和宅基地面积超标的视角进行界定,认为超过规定的宅基地面积也属于广义的闲置(杨雪,2010年)。[②] 狭义的宅基地闲置指宅基地空置,未做任何用途(杨亚楠,2008年)。[③] 广西壮族自治区国土资源厅2014年发布的《关于农村闲置宅基地整治利用的实施意见》中明确规定:农村闲置宅基地是指农民房屋闲置或建新房不拆旧房形成的空闲宅基地。也有学者从"空心村"的角度界定闲置宅基地。有学者认为,"空心村"是一种特殊结构布局的村庄,主要是由于村庄面积盲目扩大导致空闲宅基地形成的(张昭,2008年);[④]有学者认为"空心村"是村庄内部建设用地闲置的一种聚落空间形态的异化现象(张军英,2009年)。[⑤]

可以看出对"空心村"的界定是和宅基地大量闲置有密切关系的,正是由于宅基地的大量闲置,使村庄看起来像一个空壳,成为所谓的"空心村"。可以说"空心村"是宅基地闲置的必然结果。但是也有学者指出,宅基地闲置的比例与"空心村"的形成要有一个基本的判断标准和程度问题,即闲置宅基地达到什么比例的情况下才能认定出现了"空心村"。有的学者根据调研情况

---

① 谢娜:《两型社会建设中农村闲置宅基地利用研究》,湖南农业大学2011年硕士学位论文,第7页。

② 杨雪:《农村闲置宅基地流转问题研究》,河南大学2010年硕士学位论文,第4页。

③ 杨亚楠:《农村宅基地闲置状况研究综述》,载《现代农业科技》2008年第14期。

④ 张昭:《关于河北省空心村治理的理论探讨》,载《河北师范大学学报》(自然科学版)1998年第4期。

⑤ 张军英:《"空心村"改造的规划设计探索——以安徽省巢湖地区空心村改造为例》,载《建筑学报》1999年第11期。

认为应该以30%作为判断标准(殷华,2007年)。[①]

二是闲置宅基地的规模和面积,由于我国幅员辽阔,各地宅基地闲置的规模和比例不一样,导致闲置宅基地规模和面积统计困难。但从现有调查数据来看,闲置率大概为10%~15%。从全国的分析来看,李剑阁等学者在2007年通过对全国2000多个村庄进行调查推算出的闲置比例为10.4%;[②]张正河等(2005年)认为,闲置比例约为10%~15%;[③]吴春岐(2012年)认为,我国2亿亩宅基地中处于闲置状态的有12%~15%;[④]根据朱明芬和邓容(2013年)的测算,全国有4070万户的宅基地处于可转让的闲置状态。[⑤] 从全国不同的地方来看,2004年四川省双流县中和镇新民、朝阳、化龙三个村闲置率为14%;[⑥]张建设、张玉(2012年)对河南省长垣县的实地调查得出结论,认为宅基地闲置比例为11.56%;[⑦]赵树枫等(2015年)带领的课题组对北京市密云县北部的9个行政村进行专题调研发现闲置率高达17.2%,如果按村计算,闲置率最高的可达25%。[⑧]

---

① 殷华:《关于"空心村"的研究报告》,载《上海农村经济》2007年第6期。

② 李剑阁主编:《中国新农村建设调查》,上海远东出版社2007年版,第138页。

③ 张正河等:《农村宅基地长期闲置"空心村名副其实"》,中国农村土地问题研讨会报道五,2005年。

④ 吴春岐:《中国土地法体系构建与制度创新研究》,经济管理出版社2012年版,第143页。

⑤ 朱明芬、邓容:《农村宅基地使用权隐性流转情况的实证调查》,载《农村经济》2012年第12期。

⑥ 中国土地勘测规划院地政研究中心:《我国城市郊区宅基地问题研究》,载《中国土地》2007年第1期。

⑦ 张建设、张玉:《农村闲置住房问题调查分析——河南省长垣县前大郭村为例》,2013 International Conference on Psychology, Management and Social Science。

⑧ 赵树枫等编著:《农村宅基地制度与城乡一体化》,中国经济出版社2015年版,第40页。

三是农村宅基地闲置的原因,目前的研究主要是从传统和历史的视角、城市化和人口流动、法律的不完善、行政管理的缺位、主观认识的不足、生活方式的变化等方面进行研究。王亚维(2005 年)认为,农村宅基地闲置的原因主要是由于村庄规划不到位、审批管理不到位、旧村改造难度大等;[①]王海兰(2005 年)认为,导致闲置宅基地出现的原因主要是旧有聚落固有的缺陷和农民对住房需求的新要求使旧房闲置、土地使用制度不完善、土地边际生产力低和观念传统等;[②]武京涛(2013 年)认为,闲置宅基地形成的原因主要是村庄规划滞后导致农民乱建乱占,宅基地制度设计存在问题以及宅基地管理不当和城镇居民在农村购买宅基地等原因。[③] 但是这些原因都是不同学者从不同角度单独提及和论述,还没有对宅基地闲置的原因形成系统和连贯性的认识,缺乏从历史和现实、传统与利益的博弈等方面的综合分析和认识。

四是宅基地闲置所造成的危害。闲置宅基地的存在既是对我国有限的土地资源的极大浪费,也会对我国粮食安全造成威胁,还会引发很多纠纷,影响农村社会的稳定,不利于社会主义新农村建设的开展。

五是关于闲置宅基地的治理措施,包括闲置宅基地的流转、置换、退出等具体做法和确权、加强管理、复垦、完善法律等各种建议。关于宅基地的流转研究比较多,一种观点认为应该禁止宅

---

① 王亚维:《"空心村"形成的原因及对策》,载《山东国土资源》2005 年第 10 期。

② 王海兰:《农村"空心村"的形成原因及解决对策探析》,载《农村经济》2005 年第 9 期。

③ 武京涛:《中国农村宅基地的现状、原因及盘活措施》,载《经济研究导刊》2013 年第 18 期。

基地流转,[①]也有观点主张应该允许宅基地自由流转,[②]还有学者主张实行有条件的流转。[③] 对于闲置宅基地退出的研究主要集中在闲置宅基地退出的途径和保障措施上,有的学者认为,在闲置宅基地退出中应该确立农民及集体对新增建设用地指标的支配权。[④] 杨玉珍(2015 年)对闲置宅基地退出的影响因素和相关政策衔接作了论述。[⑤] 吕军书、马亚伟(2015 年)对闲置宅基地有偿退出过程中的主要途径和农民意愿作了分析。[⑥] 也有学者结合地方实践对闲置宅基地的有偿退出提出了具体措施和方法。[⑦] 虽然实践当中各地已经有一些针对宅基地的各种置换方式,但是也存在政府主导、利益分配不公等各种问题,对于闲置宅基地的治理并没有起到很好的效果。

(二)国外研究现状

由于各国土地制度的差异,国外并没有闲置宅基地的问题,但是也有闲置土地和土地流转的问题。大陆法系的地上权制度和人役权制度的立法实践和理论基础,以及第二次世界大战后西方国家围绕农民土地权益保障和耕地资源保护开展的土地制度

---

① 孟勤国:《物权法开禁农村宅基地交易之辩》,载《法学评论》2005 年第 4 期。

② 王崇敏:《我国农村宅基地使用权取得制度的现代化构建》,载《当代法学》2012 年第 5 期。

③ 陈小君、蒋省三:《宅基地使用权制度:规范解析、实践挑战及其立法回应》,载《管理世界》2010 年第 10 期。

④ 汪莉、尤佳:《土地整治中宅基地的退出激励机制——以安徽省为例》,载《政法论坛》2015 年第 4 期。

⑤ 杨玉珍:《农户闲置宅基地退出的影响因素及政策衔接——行为经济学视角》,载《经济地理》2015 年第 7 期。

⑥ 吕军书、马亚伟:《鼓励和引导农户宅基地有偿退出的途径分析》,载《农业经济》2015 年第 6 期。

⑦ 刁其怀:《宅基地退出:模式、问题及建议——以四川省成都市为例》,载《农村经济》2015 年第 12 期。

改革,也对我国闲置宅基地的治理有一定的借鉴意义。在美国,闲置土地分为棕地和灰地两大类别,棕地和灰地的整理分别采取不同的方式和步骤。其中,棕地相当于我国的闲置宅基地。国外学者对棕地的利用研究也提出来不同的方案。保罗(Paul)认为,棕地是指被那些曾经被良好利用,但是现在闲置荒废或利用不充足的,并且需要通过技术工程措施实施改良整理才能再次被开发利用的农村土地。并且,他明确提出在棕地的持续开发利用中,政府政策的支持和充足的资金保障是前提。① 丹尼斯(Dennis)通过使用经济学的效用分析模型对棕地进行了研究,指出棕地的再开发利用一方面可以改造农村的生活环境,另一方面可以带来更大的经济效益。② 这些对于我国闲置宅基地治理措施的研究具有重要的借鉴意义。

德国《土地整理法》明确规定了土地整理的基本步骤和要求,包括参与土地整理的公众来源和主要组织,对这些主体参与土地整治的主要模式和步骤作了具体规定。同时,要求对于土地整理的立项、权利归属的调整方案、土地的评估价格以及最终的整理方案等都要面向社会进行公告,征求"利益攸关者"的意见,以保证其合理性和合法性。③ 有学者研究了日本农地制度,针对日本宪法规定的征收和日本1951年制定的《土地征用法》等制度

---

① C. Paul Nathanial, "Sustainable Brownfield Regeneration", *Real Estate Finance Econ.*, 2010, 10, pp. 1079 – 1104.

② Dennis A., "The Impact of Small Brownfield's and Green spaces on ResidanitiaValues", *Real Estate Finance Econ.*, 2006, 33, pp. 19 – 3.

③ 张国斌:《德国土地整理给我们的启迪》,载《浙江国土资源》2008年第8期;蒲春玲、吴郁玲、金晶:《国外土地整理实施经验对新疆土地整理的启示》,载《农村经济》2004年第2期。

对日本农地征收中公共利益的范围等进行研究。[①] 有学者对英国的经济适用房、农房空置的政府化(王旭东,2011 年)[②]和信托制度(于宵,2013 年)[③]等进行研究,指出可以借鉴英国的土地改革的成功经验对我国闲置的宅基地进行治理。另外,美国分区规划法和财产法、法国乡村保护法、荷兰的土地整理条例等可为我国闲置宅基地的治理提供相应参考。

三、本书的研究思路、研究方法和可能的创新与不足

(一)研究思路

本书遵循的基本思路是提出问题→文献梳理→实证调研→发现问题→因素分析→提出对策。主要内容包括:

第一,针对我国目前农村大量存在的“空心村”和闲置宅基地,通过对国内相关文献的梳理,以及笔者的实际调研,掌握和总结我国闲置宅基地的基本情况,对闲置宅基地的基本概念作出界定,以明确研究范围,并提出治理闲置宅基地的理论基础、基本原则以及必要性和可行性。

第二,深入实地调研。笔者前往甘肃省古浪县和张家川回族自治县进行宅基地情况的调研,较为准确地掌握了目前农村地区闲置宅基地的规模、比例和区域分布。并以调研资料为依据,仔细探究宅基地闲置的各种原因及其危害,加以总结分析。

第三,结合国内外做法和经验,针对闲置原因,闲置宅基地的流转、退出、开发利用等问题进行详细分析和论述。并结合自己的实地调研和国内已有的宅基地治理模式进行论证,提出符合我

---

① [日]关谷俊作:《日本的农地制度》,金洪云译,三联书店2004 年版,第 142 页。

② 王旭东:《中国农村宅基地制度研究》,中国建筑工业出版社 2011 年版,第 164 ~ 166 页。

③ 于宵:《中英比较视野下的宅基地法律改革》,上海人民出版社 2013 年版。

国实际的宅基地闲置的治理措施,确保结论的可操作性。

(二)研究方法

1. 社会调查方法

闲置宅基地治理是一个实践性很强的问题,需要面对实践中已经存在或者可能出现的问题进行研究。因此,设计调查方案和调查问卷,通过实地走访,获取第一手资料非常重要。笔者通过对甘肃省古浪县和张家川回族自治县农村进行实地调研,对近郊农村和远郊农村宅基地闲置的不同情况也进行了调研,获取了翔实的第一手资料。同时,针对近几年我国的宅基地治理模式,如天津、成都、重庆等地的实践模式进行分析,希望可以对我国闲置宅基地的情况有更全面的认识。

2. 文献分析方法

通过对学者已发表的论文进行阅读分析,收集各地关于闲置宅基地治理的相关规定,并对这些文献资料进行系统整理和研究。了解和掌握目前我国闲置宅基地治理的理论成果、研究进展和实际做法,在已有资料的基础上做更深入的研究,以保证研究结论的前瞻性。

3. 系统研究方法

农村闲置宅基地的治理不仅关系到农民自己的切身利益,还关系到我国农村社会的稳定和我国土地制度的完善与粮食安全等各种问题,是一个系统工程,具有一定的综合性和复杂性。因此,研究农村闲置宅基地治理应该放在整个社会经济系统和城乡统筹发展的大背景下进行系统研究,找到影响宅基地闲置的各种原因并加以详细分析,提出具有针对性的对策和建议。

本书的写作还必须结合农村社会学、农村政治学、农村经济学等学科的研究成果进行详细论证。

（三）可能的创新

1. 本书在选题上具有一定的创新性。目前已有的研究主要集中在宅基地问题，对闲置宅基地和“空心村”关注较少。从已有研究的内容来看，都是侧重某一方面，如闲置宅基地的退出或者流转等，本书以闲置宅基地问题为研究对象，将闲置宅基地的治理放在一个系统中进行整体研究，即研究闲置宅基地治理的方式，也对闲置宅基地治理的配套措施和未来制度设计进行研究。

2. 对我国闲置宅基地进行明确的概念界定。闲置宅基地是指在一定期限内没有被充分利用的宅基地，无论宅基地上是否有建筑物存在。并区别了闲置宅基地与闲置土地、闲置房屋、“空心村”等不同概念，指出闲置宅基地属于闲置土地的一种类型，主要是由于房屋闲置导致的宅基地闲置。闲置宅基地达到村庄宅基地的30%时，可以认定该村庄为“空心村”。

3. 闲置宅基地的流转必须全面放开，政府提供相应的制度支持，但不应参与闲置宅基地治理收益的分配。应该允许农民以买卖、抵押、继承、出租等各种方式进行流转，实现农民的财产权利。在此过程中，要充分尊重农民意愿，保障宅基地转用增值后农民收益分配利益的实现。对于偏远山区，则可以通过转移支付制度的资金进行复垦复耕，避免再次闲置和浪费。

4. 在闲置宅基地的退出过程中，不得强制农民退出宅基地和强制农民上楼，必须建立完善的配套措施，如户籍制度和社会保障等制度的完善。在闲置宅基地退出的补偿中，要实行闲置房屋和闲置宅基地同时补偿的原则，分别按照同等地区城市房屋和土地的价格合理确定补偿标准。同时，要建立合理的利益分配机制，政府在退出过程中不得参与宅基地退出收益的任何分配，只能收取相关税费。

5. 通过对我国现有宅基地法律法规的梳理，提出应该整合现有法律法规关于宅基地的主要规定，抓紧制定农村宅基地管理法，并在农村宅基地管理法中用专章设置闲置宅基地的规定。同时提出，要实行超标宅基地的有偿使用、考虑未来“逆城市化”趋势下返乡农民的住房保障、注重农村传统文化的传承与发展、借助精准扶贫和生态移民的方式、利用互联网和休闲农业开发利用闲置宅基地、设立国家再担保基金保障农宅抵押的实现等相关配套措施来保障闲置宅基地治理的有效性。

（四）研究的不足之处

本书也有一些不足之处。一是由于我国国土面积广大，农村实际情况千差万别，闲置宅基地的状况呈现出多样性和复杂性，很难就闲置宅基地的情况进行全面调研和分析，在数据分析和统计方面存在不全面性，尤其是对闲置宅基地的分类识别上存在一定的不完整性。二是对于闲置宅基地的流转程序和退出方式以及衔接机制的研究不是很充分，部分内容论证也不是很详细，尤其是涉及户籍制度改革等配套措施问题研究不足。三是对于宅基地使用权作为用益物权属性的分析和论证力度不够，没有很好地运用公法和私法理论进行分析，对闲置宅基地背后的城乡二元土地制度等背景的分析不够深入。

第一章　农村闲置宅基地问题概述

第一节　闲置宅基地的理论界定

一、闲置宅基地与闲置房屋等相关概念界定

从目前我国的法律规定和理论研究来看，尚未就闲置宅基地和闲置房屋的概念达成共识，明确其基本定义和范围。但是在国家法律规定、学者们的研究过程中，都会提到宅基地、闲置土地、闲置宅基地、闲置房屋、"空心村"等相关概念。

(一)宅基地

虽然我国早在1962年《农村人民公社工作条例(修正草案)》中就明确提出了"宅基地"的概念，但是后来的《土地管理法》和国务院及其部门的相关规定都没有对宅基地作出

明确的规定。2007 年我国《物权法》再次对这个概念进行了回避，没有作出明确规定。目前，对于宅基地的定义主要集中在一些学术研究中。

从字面上来看，宅基地主要指的就是住宅的地基用地。《现代汉语大词典》中对宅基地的界定是"住宅的基址；宅地"。在土地学科中，马克伟主编的《土地大辞典》和陈洪博主编的《土地科学词典》的界定：宅基地是农村集体经济组织通过划拨的方式使农户获得宅基地，主要用于建造农民住房和其他附属的庭院、仓库等用于生产和生活的土地。① 因此，在土地科学中宅基地的范围更加广阔，包括了基本的住房地基、其他辅助用房和附属设施用地。在法学上，由于缺乏明确的法律规定，不同学者也给出了不同的界定。王利明认为，宅基地是指作为农村集体经济组织的成员，经过依法批准用以建造个人住宅，但所有权属于农民集体的土地。② 也有学者认为宅基地是指为了建造房屋、建过房屋或者决定用于建造房屋的土地，包括三种类型：(1)已经在宅基地上建造了房屋的土地；(2)虽然建过房屋，但是由于各种原因导致宅基地上已经没有上盖物而不能居住的土地；(3)准备建房用的规划地。③ 这个定义中提到的"建过房屋但房屋已无上盖物"的情形应该属于本书所讨论的闲置宅基地。

通过上述概念分析可知，土地科学对宅基地的定义比法学的

---

① 马克伟主编：《土地大辞典》，长春出版社 1991 年版，第 1016 页；陈洪博主编：《土地科学词典》，江苏科学技术出版社 1992 年版，第 37 页。

② 王利明等撰稿：《中国民法典学者建议稿及立法理由》(物权编)，法律出版社 2005 年版，第 273 页。

③ 王旭光、范志明主编：《物权法适用疑难问题研究》，山东人民出版社 2007 年版，第 280 页。

更加广阔，不仅强调了宅基地具有的建造房屋的功能，还强调了为提高生活品质而建造其他附属设施的问题。毕竟，宅基地作为人类利用对象的客体性存在，应该满足作为主体性人类存在的基本尊严和价值，提高人的生活环境和品质，而不仅仅是一个居住的地方。因此，对于宅基地的定义应该采取广义的界定，即宅基地不仅包括住宅用地，还包括为满足基本生活需要的辅助用房用地以及庭院、绿化用地等。从目前的实际情况来看，大多数中国农村的宅基地都包含了上述的几种用地类型。根据我国《物权法》第152条规定，宅基地使用权属于我国特有的用益物权的一种，具有取得的无偿性和福利性、取得对象的特定性、使用上的无期限性、管理上的严格性等特点。

（二）闲置土地

国土资源部于1999年颁布、2012年修订的《闲置土地处理办法》中对闲置土地作了明确规定。[①] 从该办法的定义可以看出，适用该办法有几个条件：（1）闲置土地主要是指国有建设用地，制定该办法的目的主要是解决国有建设用地的浪费和闲置。（2）闲置土地的认定有时间标准。包括两种情形：一是开发日期满一年未动工开发的；二是虽然已经动工开发，但是开发建设用地面积占应动工开发建设用地总面积不足1/3，或者已投资额占总投资额不足25%，中止开发建设满1年的。尽管该定义是针对我国目前的国有建设用地开发而言，既不符合我国农村宅基地利用的现状，也并不能完全适用于农村闲置土地的认定。但是，我国《闲置土地处理办法》第31条又规定了对于闲置的农村集体所有的建设用地，也可以参照该办法的认定标准进行认定和

① 参见《闲置土地处理办法》第2条。

处置。

另外，有学者也指出，农村的闲置土地主要是由于各种人为原因导致的那些没有被充分利用，甚至是仍然具有生产力或生产潜力但是被荒废的土地。[①] 还有学者认为，闲置土地主要是指那些没有进行耕种的抛荒地和撂荒地。衡量这些土地是否闲置是以农作物的生长周期为准。如果耕地被抛荒的时间超过半年，则可以认定属于闲置土地。[②] 但是笔者认为，这并不符合农村的实际情况。有的耕地可能连续每年进行耕种，但是有的耕地为了保护土壤，可能会进行修整，即有的农村称为"歇地"的土地。那么这部分"歇地"并不能因为半年没有耕种而被认定是闲置土地。因此，可以在广义上将闲置土地界定为达到一定年限但没有被有效利用的土地，包括城市的闲置国有建设用地、农村的未利用地等。其中闲置宅基地应该属于农村的闲置土地，而且主要是属于农村闲置的集体建设用地。

（三）闲置宅基地与闲置房屋

目前，对于闲置宅基地还没有形成统一的定义。有人认为，农村闲置宅基地就是无论宅基地上是否有建筑物，只要是由于各种原因而无法发挥其居住等其他应有效能的宅基地，都属于闲置宅基地。主要包括那些长期无人居住的闲置房屋和面积超出各地政府规定标准的闲置宅基地。[③] 还有人认为，闲置宅基地是指

---

① 王滔、段建南、杨君：《基于"三个最严格"的农村闲置土地问题分析》，载《江苏农业科学》2012 年第 8 期。

② 孙丽青：《关于农村闲置土地综合治理的思考》，载《山西党校报》2013 年 6 月 15 日，C02 版。

③ 杨雪：《农村闲置宅基地流转问题研究》，河南大学 2010 年硕士学位论文，第 4 页。

宅基地本身的闲置，以及宅基地上附属物，主要是房屋和其他构筑物的空置和荒废等现象。主要有两种情况：一种是纯粹宅基地本身的闲置，即在宅基地上面没有修建任何农房和其他附属设施，即所谓的占而不用情形；另一种是宅基地上建有房屋，但是由于各种原因导致房屋被废弃和闲置的情形，即所谓的建而不住。[①] 有学者认为应该区分广义的闲置和狭义的闲置。广义的闲置宅基地不仅包括宅基地本身的闲置和废弃，还包括那些因为建造在宅基地上面的房屋等建筑物的闲置而造成宅基地闲置的情形。狭义的宅基地闲置指宅基地本身的闲置，宅基地没有被用作任何用途，发挥其应有的保障等功能。[②] 广西壮族自治区国土资源厅2014 年发布的《关于农村闲置宅基地整治利用的实施意见》中明确规定，农村闲置宅基地是指农民房屋闲置或建新房不拆旧房形成的空闲宅基地。[③]

浙江省淳安县 2011 年发布的《关于加强农村闲置宅基地管理的通知》中规定，闲置宅基地是指被村民实际占用面积超过县政府规定标准并可独立使用的宅基地，包括住房、厨房、猪（牛）栏、厕所、庭院、晒坦、仓库等所占用的土地。闲置宅基地的主要类型有：（1）一户拥有多处宅基地，且面积超过县政府规定标准以外的宅基地；（2）经批准后两年内未建成住宅且不再需要使用的宅基地；（3）新建房屋后，未拆除旧房的宅基地；（4）废弃的、无

---

① 谢娜：《两型社会建设中农村闲置宅基地利用研究》，湖南农业大学 2011 年硕士学位论文，第 7 页。

② 杨亚楠：《农村宅基地闲置状况研究综述》，载《现代农业科技》2008 年第 14 期。

③ 《广西壮族自治区人民政府办公厅转发国土资源厅关于农村闲置宅基地整治利用实施意见的通知》，桂政办发〔2014〕76 号。

主的宅基地;(5)空闲或房屋灭失两年以上未恢复使用的宅基地;(6)法律法规规定的其他情形。[①]

宁夏回族自治区平罗县作为国土资源部确定的全国农村宅基地制度改革试点县,在关于闲置宅基地调查方案中明确,闲置宅基地主要包括:(1)宅基地经批准后两年内未建设的;(2)外出打工举家进城(异地)居住,宅基地闲置两年以上的;(3)因婚丧嫁娶、升学、人口农转非等原因使户籍已从农村迁出,但宅基地未收回闲置的;(4)一户多宅,除居住的住宅外还有闲置的宅基地的;(5)新建房屋后,旧房未拆除的宅基地;(6)村民已死亡,留下的宅基地无人继承,造成宅基地闲置的;(7)废弃的,无人居住的宅基地;(8)房屋倒塌或灭失两年以上未恢复使用的宅基地;(9)其他宅基地闲置的情形。[②]

综合上述观点和各地的规定,可以看出,目前对于闲置宅基地的界定主要有三个方面:一是未被任何形式利用的宅基地,这种是真正意义的闲置宅基地;二是超标宅基地,即超出宅基地所在地规定标准的宅基地;三是宅基地上建造的建筑物等设施的闲置。对于超标宅基地来说,即便是超标,如果能够被有效利用,也不能认定为闲置宅基地,应该属于乱占宅基地的现象;对于第三种宅基地上建筑物的闲置和荒废,应该属于学者所说的"闲置房屋",由于房屋是建造在宅基地上的,那么房屋的闲置必然导致宅基地的闲置。但是,闲置宅基地却不一定会导致闲置房屋的出现,因为有些闲置的宅基地上面是没有任何建筑物的。当然,实

---

① 浙江省淳安县:《关于加强农村闲置宅基地管理的通知》,2011年6月15日发布。

② 宁夏回族自治区平罗县:《平罗县农村宅基地闲置情况调查工作方案》,2013年5月16日发布。

践中大部分的闲置宅基地都是由闲置房屋造成的。①

结合上述关于闲置土地的界定，闲置宅基地应该明确界定为，无论宅基地上是否有建筑物存在、在一定期限内没有被充分利用的宅基地。将闲置房屋视为闲置宅基地的一种情形，而不单独予以界定。对于一定期限的界定，由于目前我国各地农村实际情况差别比较大，应该由各地根据实际情况和闲置原因等因素来进行确定。但是由于每年有1000多万农民进城，为了有效保护农民利益，防止因为期限过短而损害这些人的利益，应该以两年为期限，超过两年而没有被利用的宅基地则可以认定为闲置宅基地。

(四)"空心村"

虽然对于"空心村"的研究从20世纪末就开始了，但是关于"空心村"的定义目前还没有统一的认识。有学者认为："空心村就是村庄面积盲目扩大，新住宅多向村外发展，村庄内部出现了大面积的空闲宅基地的一种特殊结构布局的村庄。"②有人将其定义为："空心村是在农村现代化的过程中，由于农业经济和就业结构的转变造成村庄内部建设用地闲置的一种聚落空间形态的异化现象。"③另外，有人认为："空心村是在城市化滞后于非农化的条件下由迅速发展的村庄建设与落后的规划管理体制的矛盾

① 杨遂全、张锰霖、钱力：《城乡一体化背景下农村闲置房屋的出路》，载《农村经济》2015年第1期。

② 张昭：《关于河北省空心村治理的理论探讨》，载《河北师范大学学报》(自然科学版)1998年第4期。

③ 张军英：《"空心村"改造的规划设计探索——以安徽省巢湖地区空心村改造为例》，载《建筑学报》1999年第11期。

所引起的村庄外围粗放发展而内部衰败的空间形态的分异现象。"[①]还有人认为，所谓的"空心村"，"即新建住宅大部分都集中在村庄外围，而村庄内却存在大量的空闲宅基地和闲置土地，形成了内空外延的用地状况"。[②] 不管从哪个方面界定，基本都可以看出对"空心村"的定义离不开闲置宅基地，都是由于宅基地闲置出现村庄的空心化，导致了"外面像个村，进村不是村，老屋没人住，荒地杂草生"的"空心村"的出现。因此，可以认为"空心村"是宅基地闲置的必然结果。但是也有学者指出，不是只要宅基地闲置就会出现"空心村"，应该有一个基本的判断标准和程度问题，即闲置宅基地达到什么比例才能认定为"空心村"。有的学者根据调研情况认为应该以30%作为判断标准。[③]

通过以上概念的梳理可以看出，农村闲置宅基地属于农村闲置土地的一种类型，主要包括未被予以任何利用的空置宅基地和宅基地上建筑物的闲置，即闲置房屋。当这些闲置的宅基地在整个村子中达到一定比例以后，就会形成"空心村"。

二、农村闲置宅基地的总体现状

目前，关于全国闲置宅基地的统计并没有精确统一的官方数据，基本都是学者自己或者各省市区在调研的基础上形成的地方性判断。主要可以从两个方面予以考虑：一是闲置宅基地的规模和面积；二是闲置宅基地的分布规律。

---

① 薛力：《城市化背景下的"空心村"现象及其对策探讨——以江苏省为例》，载《城市规划》2001年第6期。

② 张娟娟：《"空心村"问题研究及对策探讨——以河南省沁阳市张坡村为例》，载《中南财经政法大学研究生学报》2009年第5期。

③ 殷华：《关于"空心村"的研究报告》，载《上海农村经济》2007年第6期。

(一)闲置宅基地的面积

就全国闲置宅基地的规模来讲,学者分析和推算的比例都不一样。国土资源部统计的闲置比例为9%,而且发现距离城市越远,空置率越高。[①] 李剑阁等通过对全国2749个村庄的调查发现,推算出闲置宅基地的比例为10.4%。[②] 张正河等专家得出我国农村宅基地闲置比例约为10%~15%的结论。[③] 许树辉等学者在调查中发现,许多村庄闲置和荒废的宅基地占村庄宅基地总量的20%左右。[④] 苗清认为,闲置和荒废的宅基地占村宅基地总量的20%。[⑤] 吴春岐认为,我国2亿宅基地中处于闲置状态的有12%~15%。[⑥] 根据朱明芬和和邓容的测算,2011年全国有4070万户的宅基地处于可转让的闲置状态。[⑦]

从各省市区的情况来看,闲置宅基地的比例也有很大差异。中国土地勘测规划院地政研究中心2004年对四川省双流县中和镇新民、朝阳、化龙三个村的调查发现闲置宅基地占宅基地总面积的14%。[⑧] 张建设、张玉在2012年对河南省长垣县的实地调

---

① 韩启德:《探索进城落户农民宅基地有偿退出机制》,载《人民论坛》2015年第4期。

② 李剑阁主编:《中国新农村建设调查》,上海远东出版社2007年版,第138页。

③ 张正河等:《农村宅基地长期闲置"空心村名副其实"》,中国农村土地问题研讨会报道五,2005年。

④ 许树辉:《农村住宅空心化形成机制及其调控研究》,载《国土与自然资源研究》2004年第1期。

⑤ 苗清:《关于农村宅基地集约利用的思考》,载《国土资源通讯》2006年第1期。

⑥ 吴春岐:《中国土地法体系构建与制度创新研究》,经济管理出版社2012年版,第143页。

⑦ 朱明芬、邓容:《农村宅基地使用权隐性流转情况的实证调查》,载《农村经济》2012年第12期。

⑧ 中国土地勘测规划院地政研究中心:《我国城市郊区宅基地问题研究》,载《中国土地》2007年第1期。

查结论认为,宅基地闲置比例为 11.56% 。[①] 李海丹通过对江苏省 7 市 21 个县 63 个乡镇 126 个村的 1529 份典型调查,采取公式[②]测算,得出苏南两市地区农户宅基地闲置率为 4.72% ,苏中两市地区农户宅基地闲置率为 8.38% ,苏北三市闲置率为 14.5% 。[③] 由此,可以看出经济发展水平对农村闲置宅基地的影响。

宁夏回族自治区在 2013 年对全自治区的农村宅基地进行调查,调查共划分了常见的 10 种闲置宅基地类型,以县级行政区域为统一调查统计单位,以行政村为主体,实际深入各个自然村进行走访座谈,入户实地调查,现场填写《全区宅基地闲置情况调查表》。通过调查发现,该区共有 56,908 宗闲置宅基地,涉及面积 38,102 亩,全区宅基地闲置率 5.98% 。[④] 赵树枫带领的课题组对北京市密云县北部的 9 个行政村进行专题调研发现闲置率高达 17.2% ,如果按村级,闲置最高的可达 25% 。[⑤]

广西壮族自治区为破解农村闲置宅基地整治利用难题,于 2013 年对全区农村土地进行调查,逐户清查了广西壮族自治区 1395 万户农民的住宅用地情况。调查显示,广西壮族自治区农

---

① 张建设、张玉:《农村闲置住房问题调查分析——河南省长垣县前大郭村为例》,2013 International Conference on Psychology, Management and Social Science。

② 宅基地闲置率/% $= \dfrac{\text{空关房面积} + \text{偶住房面积}}{\text{宅基地总面积}} \times 100$

③ 李海丹:《江苏农村宅基地闲置程度量化及对策探讨》,载《浙江农业科学》2016 年第 1 期。

④ 资料来源宁夏回族自治区国土资源厅网站:http://www.nxgtt.gov.cn/Content.jsp? urltype = news.NewsContentUrl&wbnewsid = 205720&wbtreeid = 1132,最后访问日期:2015 年 11 月 8 日。

⑤ 赵树枫等编著:《农村宅基地制度与城乡一体化》,中国经济出版社 2015 年版,第 40 页。

村“建新不拆旧”与闲置住宅占农村总户数的5.47%，面积5800多公顷，占农村居民点总面积的1.05%。无论从户数还是从面积上看，所占比例都较小，住宅闲置现象不是很普遍。然而，农村住宅闲置在一些地方却颇为突出，尤其在玉林、钦州和桂林三市，其涉及面积占广西壮族自治区总量的65.74%；从比例上看，钦州、玉林、北海分别有1/5、1/10和1/10的农民有“建新不拆旧”或闲置住房行为。①

笔者在本书写作期间也深入农村进行了实地调研，分别于2014年8月和2015年7月分别前往甘肃省古浪县和张家川回族自治县进行调研。其中在古浪县走访调研了3个乡镇的12个村，发现闲置比例大约为26%，其中部分偏远山区的闲置比例达到48%左右。张家川回族自治县的调研数据显示宅基地闲置的比例约为20%，部分农村的闲置比例为42%。总体而言，这两个县的闲置情况比前面学者进行的调研和统计比例要高，平均闲置比例为22%。

综合全国各地和笔者自己的实地调研发现，目前我国大部分地区的农村宅基地闲置比例大约在10%，但存在地区差异。

（二）闲置宅基地的区域

从闲置宅基地的分布规律上来说，有学者认为偏远农村地区由于经济基础薄弱，农户外出务工较普遍，宅基地闲置现象比较严重。② 但在城郊农村，有学者认为由于城郊地区土地较稀缺，

① 黄尚宁、张桂香、杨忠翰：《为农村发展“造血”——广西探索破解农村闲置宅基地整治利用难题》，载《南方国土资源》2014年第12期。

② 张秀智、丁锐：《经济欠发达与偏远农村地区宅基地退出机制分析：案例研究》，载《中国农村观察》2009年第6期。

因此不会出现大量宅基地闲置。[①] 从上述调研和数据分析可知，农村宅基地闲置确实会因为远郊和近郊而有所差别。比如，从宁夏回族自治区的调查结果分析可知，宁夏沿黄经济区与中南部山区宅基地闲置情况不一，差别较大。沿黄经济区 13 个市、县（区）闲置宅基地数量低于中南部山区九县 5 个百分点。其中中南部山区九县外出打工宅基地长期闲置的 16,704 宗，占 55.3%，超过一半，也多于沿黄经济区 8.5 个百分点。从各市、县（区）及乡镇闲置宅基地汇总情况看，闲置宅基地分布由市区向周边镇村及郊外农村延伸，呈逐渐扩大趋势。县城周边乡镇闲置宅基地数量很少，而沿县城向周边放射状辐射，离县城、乡镇政府驻地越远的农村居民点，闲置宅基地越多。[②] 可以将这种宅基地闲置的现状称为"同心圆辐射"，即在中心城区及其周边闲置率很低，甚至没有，但越远离同心圆，则闲置率越高。

这种闲置宅基地呈"同心圆辐射"的现象，主要是由于随着城镇化进程的加快，大量农民涌入城市，但是由于这些人无法承受城市的高房价，必然会寻求生活成本更低、离城市又比较近、生活相对便利的地方，由此导致城郊土地利用价值的提升。因此，从闲置宅基地的分布上来看，目前城郊宅基地闲置的较少，而越远离城市的农村地区闲置的越多。

三、闲置宅基地的分类

由于各地农村宅基地闲置的情况不同，对闲置宅基地的分类

---

① 付娆：《农村宅基地：主要问题与对策建议——对四川省双流县的实证分析》，载《农村经济》2008 年第 1 期。

② 《自治区国土资源厅精心组织全面摸清我区农村闲置宅基地现状》，载宁夏回族自治区国土资源厅网：http://www. nxgtt. gov. cn/Content. jsp? urltype = news. NewsContentUrl&wbnewsid = 205720&wbtreeid = 1132，最后访问日期：2015 年 11 月 8 日。

要采取一定科学合理的原则进行，通过这样的分类来实现对不同类型的宅基地采取不同的治理措施和方式，能够最大限度地提高宅基地利用效率。因此，应该坚持以下两个原则：

一是合法性原则，即对闲置宅基地的分类要坚持我国现有关于土地和农村宅基地的法律法规，在现行法律体系内进行合理的分类，以便能够更好地对闲置宅基地进行整治。

二是区域原则，即对不同地区的闲置宅基地要进行实事求是的分类，按照闲置宅基地所在的区域、位置和经济发展水平等进行合理分类，以保证整治措施能够对症下药。

（一）绝对闲置与相对闲置

根据宅基地闲置程度和利用效率进行分类，可以将闲置的宅基地分为绝对闲置和相对闲置。绝对闲置是指农民的宅基地没有能够得到任何有效的使用，完全处于荒废或者空置的情形；相对闲置是指宅基地的利用效率比较低下，但还不是处于完全荒废状态。这种分类能够较为准确地判断宅基地闲置的情形，对于绝对闲置的宅基地，由村集体进行回收利用。对于相对闲置的宅基地，由村集体进行调查核实，督促宅基地使用权人进行有效合理利用。

（二）长期闲置与短期闲置

根据宅基地闲置的时间，可以将闲置的宅基地分为长期闲置和短期闲置。长期闲置是指完全闲置时间超过法律法规或者政策所规定的期限，如规定 2 年的期限，闲置超过 2 年的则是长期闲置。短期闲置则是宅基地的闲置不是持续性的，而是周期性或者定期性的闲置。比如，很多农村的农民进城务工或者定居在城市，但是在农村还有土地，每年农忙时间就会回农村经营土地，农闲时则回城里生活，这就造成了宅基地的短期闲置。

（三）全部闲置与部分闲置

根据宅基地闲置的规模和面积，可以将闲置的宅基地分为全部闲置和部分闲置。全部闲置是宅基地或者宅基地和宅基地上所盖的房屋完全废弃不用，如有的农户"建新不拆旧"，导致原有的宅基地完全废弃。部分闲置是指宅基地上所盖房屋的闲置或者宅基地被部分闲置。比如，农户有了新的宅基地，但是仍然保留原有的宅基地进行养殖，但原有宅基地的房屋就属于部分闲置。或者有的是宅基地面积比较大，只利用其中一部分，而导致另一部分闲置的情形。

（四）故意闲置与无意闲置

根据宅基地使用权人对闲置宅基地的主观态度，可以分为故意闲置和无意闲置两种情况：一是故意闲置，主要是指宅基地使用权人已经有宅基地而又申请新的宅基地，或者仅为了占有土地谋求土地经济利益。比如，被征收所带来的现实利益而导致原有宅基地的闲置，即"一户多宅"问题。二是无意闲置，主要是指原宅基地使用权人由于搬迁、绝户或者在城里定居等原因导致的宅基地闲置。这种分类有助于解决不同情形下闲置宅基地的治理措施。对于故意闲置的，可以依据各省市区的规定进行清理或者有偿使用；对于无意闲置的，可以由村集体收回进行重新规划利用，提高集体建设用地的使用效率。

（五）自愿闲置与被迫闲置

根据宅基地闲置原因的来源，可以分为自愿闲置和被迫闲置。自愿闲置是指原有宅基地使用权人主动放弃宅基地的使用，如因户口迁移等原因，使宅基地处于闲置状态。被迫闲置是指原有宅基地使用权人并不想放弃宅基地的使用，而是由于外在的原因导致宅基地的闲置，如自然灾害等导致的宅基地不适宜居住。

还包括由于新农村建设等政府行为导致的搬迁而闲置,如一些农村专业户或者养殖户,在原有的宅基地上进行生产生活更加方便,不愿意搬迁,但是基于政府行为的强制性等原因,迫使他放弃原来的宅基地从而造成闲置。

(六)近郊闲置与远郊闲置

根据闲置宅基地与中心城区的远近进行分类,可以将闲置宅基地分为近郊闲置和远郊闲置。通过学者的调研发现,远郊和近郊的距离划分应以10公里为标准。距离中心城区10公里以内的属于近郊闲置,超过10公里的属于远郊闲置。当然这个标准不是绝对的,还要根据中心城区的大小,农村经济发展水平来决定。这种分类可以看出闲置宅基地比例与经济发展的关系。一般而言,距离中心城区越远,宅基地闲置率越高,距离中心城区越近,闲置率越低。这是由于城镇化进程的加快,大量农民涌入城市,导致远郊农村的宅基地大量闲置,而城市近郊的宅基地却因为低于中心城区的生活成本等原因受到进城务工人员的欢迎,闲置率较低,甚至没有闲置的情况出现。

第二节　闲置宅基地的形成原因

一、闲置宅基地形成的主观原因

由于我国幅员辽阔,各地情况不尽相同,农村大量宅基地闲置的原因也因地而异。学者对于宅基地闲置原因的分析也是基于自己调研的实际情况进行总结得出的。比如,广西壮族自治区国土资源规划院指出,造成宅基地闲置的原因主要有四个方面:一是农民缺乏土地法律意识,认为集体土地分田到户,自家可以自由支配。在村边、公路边或者在自家承包的耕地上修建新房,而老宅又不愿退出拆除,导致房屋土地闲置浪费。二是宅基地使用缺乏科学合理的规划。三是缺乏农村宅基地退出机制。部分农民迁居落户城镇,原来使用的农村住房和宅基地,因缺乏科学合理的宅基地退出机制而闲置荒废。四是缺乏有效监管手段。由于基层组织监管力量不足,经费难以保障,缺乏有效手段,不能及时发现和制止违法占地建房,一户多宅的行为。① 宁夏回族自治区的调研认为,居者外出打工异地居住闲置超过一半,另外一户多宅和建新未拆旧造成闲置也有较高比例,以上三种闲置类型占闲置宅基地总量的73.8%。② 通过笔者的实际调研和对相关文献的梳理,总结闲置宅基地形成的主观原因主要有以下几个方面。

(一)传统文化及历史的原因

传统文化的影响因素主要有三个方面:一是传统的"祖宅"观念的影响。如果一块宅基地是一个家族世世代代居住的地方,这一块宅基地就不仅仅是居家过日子的地方,而是承载着这个家族历史、传统和记忆的神圣之地。因此,即便是后来由于各种原因家族人数减少,很多后代进城务工甚至定居,祖宅无人居住,他们也不愿意将这块祖宅随意出卖或者由村集体收回,宁可让其荒废。他们认为这样可以有个根在,可以随时回去看看。一旦卖掉

---

① 计思敏:《广西落实"一户一宅":闲置宅基地退出收益全部返还农村》,载澎湃新闻网:http://www.thepaper.cn/www/resource/jsp/newsDetail_forward_1261314_1,最后访问日期:2015年11月20日。

② 《自治区国土资源厅精心组织全面摸清我区农村闲置宅基地现状》,载宁夏回族自治区国土资源厅网:http://www.nxgtt.gov.cn/Content.jsp?urltype=news.NewsContentUrl&wbnewsid=205720&wbtreeid=1132,最后访问日期:2015年11月8日。

或者退还给集体,便会觉得无根无家。二是传统的分家方式的影响。在宅基地土地属于集体所有的情况下,一户农村家庭原则上只能拥有一处宅基地。如果有新的家庭成员增加,如结婚成家等,则相应增加了户口,就可以再申请一处新宅基地。这就导致部分农户实际上占用了两处或者两处以上的宅基地。在老人去世以后,子女基于自我经济利益的考虑,一般并不会把旧宅基按照规定返还给集体经济组织。即使宅基地无人使用,房屋无人居住,仍然会保留。[①] 三是传统迷信思想的影响,认为部分宅基地所处的位置不好,不符合风水先生所讲的"风水"的要求。许多农民由于迷信一些封建信条,或听信风水先生的一些胡言乱语,便放弃原来的宅基地,在村庄里面或者附近寻找"风水宝地",从而导致原有宅基地的闲置和浪费。有人认为建在宅基地上的房屋是"凶宅",会影响家人的健康前途等,从而予以闲置废弃。

(二)利益驱动的因素

利益驱动因素也是基于以下两个方面:一是种地收入与打工收入的强烈反差,使很多农民不愿意再去面朝黄土背朝天的耕种土地。与每天在土地里辛勤劳动的收入相比,在城里打工几个月的收入可能要高好几倍。根据国家统计局发布的报告,2015 年我国农民工人均月收入为 3072 元,如果一个家庭有两个农民工,则一年的收入就可以达到 72,000 多元,扣除基本生活费用,每年可以带来纯收入大约 50,000 元。这比在农村耕种土地的收入要好得多,而且可以享受城市的便利生活。因此,很多农民宁愿选择进城打工,也不愿意在农村土地上进行劳作,导致宅基地被闲

① 孟祥仲、辛宝海:《明晰使用产权:解决农村宅基地荒废问题的途径选择》,载《农村经济》2006 年第 10 期。

置。二是在目前新农村建设和城镇化的浪潮下，很多宅基地和房屋存在较大的升值空间，尤其是宅基地所处位置接近城郊或者处于政府规划的道路等公共利益范围内的情况下，一旦这些宅基地被征收，将会获得一笔巨大的收益，又有谁愿意将这份利益拱手相让呢？所以即使进城打工，也会留着宅基地，等待被征收变现的那一天。

（三）村庄规划不合理的原因

从村庄规划的角度看，虽然在改革开放初期我国就提出了村庄规划的概念和一些具体要求，但是这些要求在面对几百万个自然村时显得无能为力，大量的自然村并没有依据规划进行建设。很多的自然村依然是以当地地貌、水源、气候等为基础自然形成和发展起来的，并没有统一的规划，所以显得比较凌乱。随着社会的发展，很多农民在积攒了一定的财富之后便开始新建房屋，由于没有合理规划，可以随便在村内选址，但原有宅基地并不退回。另外，即使在今天新农村建设过程中，很多地方由于历史原因，长期没有进行村镇规划。有的即便有规划，但是也很不科学，只注重新建居住区的规范和整齐，而忽视了对旧宅基地的合理改造和利用，造成了农民建房的随意性和盲目性。[①] 山东省栖霞市由于缺乏合理的村庄规划，导致该市唐家泊镇的宅基地闲置比例高达37.82%。[②] 正是由于没有规划或者规划不够合理，造成了大量的闲置宅基地。

从村庄管理的角度看，造成宅基地闲置的原因主要是管理措

① 谢凤云：《当前农村闲置房屋破解思路》，载《人民论坛》2010年第20期。

② 李英等：《农村宅基地使用存在的问题分析及政策建议——基于山东省栖霞市农村宅基地使用状况调查》，载《国土资源科技管理》2009年第6期。

施不到位和力度不够。由于法律规定宅基地是无偿、无期限的享有,有的地方在新农村建设过程中给予农民建房补贴,部分农户利用关系或者权力多占宅基地,从而获得政府的建房补贴。但在获得建房补贴后却不建房,将宅基地闲置;或是随便修建几间住房,应付政府检查,等检查完便将房屋闲置。另外,即便是村里有闲置宅基地,虽然我国法律规定了宅基地的回收,但是这些规定并没有很好地被执行,甚至成为一纸空文。其主要原因是人情的考虑,在农村这样一个熟人社会,村民之间非常重视人情,如果强行将不建房的宅基地或者房屋没收,村委会以后会很难开展工作,而农户即便是自己不住或者不知道被没收,他的亲戚朋友也会阻止村委会的这种行为。因此,就出现闲置宅基地无人问津的局面,造成土地浪费。

(四)"一户多宅"和宅基地超标造成闲置

我国《土地管理法》第 62 条明确规定了"一户一宅"。国务院和国土资源部等发布的有关法规和通知也反复强调"一户一宅"制度,但是在农村实践中存在较多的"一户多宅"问题。根据农业普查数据显示,2006 年年末,拥有 2 处住宅的有 11.81 万户,占 8.22%;拥有 3 处以上住宅的有 0.78 万户,占 0.55%,合计占 8.77%。[①] 笔者在调研过程中也发现,几乎每个村庄都存在"一户多宅"的问题,基本上都是有 2 处宅基地,个别有 3 处或以上的宅基地。多余的宅基地往往是进行养殖或者其他生产活动,属于部分闲置的情况。

另一个导致农村宅基地闲置现象的原因是超占宅基地面

① 赵树枫等编著:《农村宅基地制度与城乡一体化》,中国经济出版社 2015 年版,第 39 页。

积。按照我国法律规定，每户的宅基地面积必须符合各省、自治区、直辖市规定的标准。但是在实践调研中发现，这一制度并没有被执行，几乎是完全被搁置不用的一个条款。根据学者的调研，超面积使用宅基地的农户大概为 80%。[①] 统计大量超标的宅基地并没有被完全用于农民住宅建设，而是存在部分闲置的情况。

二、城镇化的历史必然及其他客观原因分析

（一）城镇化的历史必然与人口流动

20 世纪 50 年代，为了实现快速工业化的目的，我国设置了城乡二元化制度和严格限制流转的户籍制度。这些制度把城市和农村长期分隔起来，形成了相互封闭的社会和高度分隔的二元社会结构。在农村，基于严格限制的户籍流动和赖以生存的土地自然地理位置，几乎是被固定在土地上进行生产和生活，年复一年地过着面朝黄土背朝天的日子。因为土地是他们赖以生存的基本保障和前提，一旦离开土地就意味着他们将失去所有。但是即便他们想离开，户籍制度和生活保障等问题也会限制他们的离开，只能坚守土地，无论土地带给他们的是穷苦还是富足。这种几乎静态的生活和超稳定的农村社会状态，使农村土地和房屋也处于一种无法流通的状态。但是，随着家庭联产承包责任制的推行和劳动生产率的提高，开启了从农村向城市、农业向非农业流动的新的城市化进程。随着农业社会向工业社会、传统社会向现代社会转型，农民人口流动逐渐增加，一部分农民从土地当中解

---

① 吕军书、刘颖莹：《关于农户宅基地的利用状况、腾退意愿的调查及政策建议——基于河南省新乡市 190 个样本农户的实证研究》，载《经济体制改革》2015 年第 5 期。

放出来成为自由劳动者。这种流动带来了农村部分房屋和土地的闲置,造成了土地资源的浪费。从两个县的调研情况和实际做法可以看出,大量农民并没有进行农业生产和耕种,而是选择进城务工、经商等,使农村出现了“空心化”的现象。

人口变化的影响因素也有两个方面:一是从20世纪80年代开始的计划生育政策,导致农村人口出生率降低,对宅基地的需求必然减少,造成原有宅基地的闲置。而且有些是独女户,一旦父母去世,女儿出嫁,原有的宅基地也会被闲置。二是流动人口的影响。随着城镇化进程的加快,大量农民进城务工甚至定居,导致大量农村宅基地闲置。由于户籍制度的限制,这些人无法享受城市高速发展所带来的诸如医疗、教育、住房、社会保障等福利,一旦无法在城市生活,他们就可以回到农村,继续居住。所以他们将宅基地作为自己生活和生存的最后保障,宁可让宅基地闲置也不进行转让或者退回集体。另外有的学者调查发现,由于人口的流动,有些地方出现了宅基地的“季节性闲置”,主要是由于农村劳动力的短期流动所造成的。①

(二)土地保障功能的弱化

在传统农业社会下,农民缺乏来自其他非农业产业和渠道的就业机会和收入,使土地成为农民获取基本生活资料、维持最低生活水平和抵御各种社会风险的最主要手段,也是我国农民生活和农村社会保障的核心和关键。但是,随着城镇化的发展,农村剩余劳动力向非农业产业和城镇转移的数量越来越多,农民所获得的非农业就业机会和收入的增加,使土地收益在农民总收入中

① 卢向虎、杨延梅、蒋宗杰:《农村宅基地土地整理的再思考》,载《农村经济》2005年第6期。

占的比例越来越小。这种变化就弱化了土地对农民的社会保障功能。从调研情况来看,很多农民的主要收入已经不是耕种土地所获得的收入,而是进行养殖、打工、经商等其他方式所带来的更多收入。

(三)土地收益的减少

导致农民放弃土地耕种寻求其他方式获得更好收入的另一个重要原因就是经营土地收益的减少。在没有城镇化之前的家庭承包时期,农民将全部劳动力都投入到农业生产和土地,进行深耕细作,土地效益好,能够获得非常好的收成。但是在工业化和城镇化的发展之下,农民将更多的精力放在了耕作土地之外的其他收入上,不再对土地进行更多的人力投入,而更多地选择使用化肥等工业原料来增加土地收益,破坏了土地应有的生长能力,使土地的收益开始下降。另外,随着环境的日益恶化和全球变暖,部分农村出现了连年干旱,导致农民颗粒无收,也迫使农民寻求农业生产之外的收入。

(四)现行法律不完善的原因

根据我国《物权法》《土地管理法》等相关法律法规的规定,宅基地主体只能是本集体经济组织的村民,且只能以"户"为单位申请,实行严格的"一户一宅"原则,是一种身份和福利的象征。只要是本集体经济组织成员,就可以申请,且无偿使用,不需要支付任何对价,也没有期限限制。最主要的是宅基地转让受到严格的限制:(1)根据我国《土地管理法》第62条的规定,农村村民出卖、出租住房再申请的不予批准;(2)国务院《关于深化改革严格土地管理的决定》和国土资源部《关于加强农村宅基地管理的意见》也规定严禁城镇居民在农村购置宅基地;(3)我国《物权法》第184条第2项和《担保法》第37条第2项规定,宅基地使用权不得抵押;(4)宅基地的转让只限制在本集体经济组织成员内部、宅基地不得单独转让等。虽然党的十八届三中全会的决定中提到了要赋予农民更多的财产权利,保障农户宅基地用益物权。有些地方也已经开始试行宅基地的抵押等措施,但是从法律规定来看,这些都没有明确得到法律的承认,对农民宅基地流转有很大的制约,也造成大量宅基地被闲置。

第三节　闲置宅基地的危害

一、对我国耕地保护和粮食安全造成威胁

我国实行严格的耕地保护和节约集约利用土地的政策,尤其是要坚守耕地红线,确保粮食安全。我国耕地保护的重要性是由具体国情所决定的。我国人多地少,人均耕地面积不足世界平均水平的40%。可垦的耕地后备资源面积总计只有1.13亿亩。随着人口的增长,在未来相当长的时间内耕地资源的稀缺性越来越显著。粮食作为我国最重要的商品物资,从经济学的基本原理出发,保护耕地就是应该把最稀缺的资源用到社会经济最需要的地方。我国应当严格保护耕地,因为耕地稀缺及其具有的重大经济、社会效益,而非单纯的生产保障需求。即便不会因为粮食生产供给不足而出现大的饥荒,耕地也是应该予以严格保护的。粮食生产需要一定的周期,其他用地恢复耕种也需耗费相当的时间和代价,因此一旦遇到战争、极端气候等极端条件,粮价就可能会因各种投机和屯粮而急剧上涨,在粮食需求缺乏弹性的特定时期,对此承受能力较低的低收入群体出现“粮荒”是在所难免的。结合当前的社会结构,即社会保障制度远未建立、转型期的社会

冲突加剧，粮价的异常波动对于社会稳定是非常不利的。[①] 如前所述，按照目前农村宅基地10%的闲置率来看，将会有大约2400万亩的土地被闲置浪费，数量惊人。这些闲置宅基地的出现使农村大量土地被废弃和荒芜，是对我国土地资源的极大浪费，不利于我国耕地保护目标的实现，也会威胁我国的粮食安全。

另外，农村宅基地的违法使用也导致耕地短缺矛盾更加突出，威胁我国的粮食安全。据国土资源部2012年土地卫片执法情况报告，农村宅基地违法用地2.26万宗，面积8.19万亩，耕地面积3.33万亩，占违法用地宗数、面积、耕地面积的比例分别为39.60%、14.58%、21.22%，且比2011年有明显上升。[②] 而根据浙江大学、北京大学和中科院农业政策研究中心对全国6个大区的调研，发现江苏、四川、河北、陕西、吉林、福建6省的宅基地占用耕地比例达到22.21%，总计占用耕地面积接近16万平方米。[③] 因此，在耕地保护和粮食安全如此严峻的形势下，闲置宅基地是对土地资源的极大浪费和对耕地保护与粮食安全的极大威胁。

二、部分农民居住权利难以得到保障

长期以来，我国农村宅基地实行的"一户一宅"制度大体上满足了农民的基本生存保障和居住权利。但是，随着人口的不断增加，在一些人多地少的地区，出现了宅基地控制或者停止供应

① 杨遂全等：《"小产权房"处置与土地制度创新——以城乡房上联建权合法化为突破口》，法律出版社2013年版，第304～305页。

② 郑凌志主编：《中国土地政策蓝皮书》(2014)，中国社会科学出版社2014年版，第50页。

③ 李华宇：《基于农户家庭特征的农村宅基地——户多宅与闲置研究》，浙江大学2014年硕士学位论文，第27页。

的现象。这主要是由于村庄部分闲置宅基地的存在占用了已有的宅基地,而村集体经济组织又没有对这些闲置宅基地进行治理的能力和愿望,导致村内宅基地数量和面积饱和,新增人口无法获得宅基地。另外,由于我国严格的宅基地审批手续和程序设置,以及基层政府审批宅基地的不作为等原因,也导致部分新增农户没有宅基地进行建房居住。比如,2003 年河南省洛阳市吉利区政府发布的《关于暂停审批城市规划区内农村宅基地的通知》中规定,划入城市规划区范围内的 17 个村不再进行宅基地的审批和分配。其他地区也有很多类似的做法。笔者在张家川回族自治县调研时也发现,该县自 2012 年就停止了宅基地的审批,截至 2015 年笔者调研时,该项政策还在延续。笔者就此问题询问该县国土部门的工作人员,被告知停止审批的主要原因也是为了节约用地,但是还不知道什么时候才能再次允许农民申请宅基地。

政府部门停止宅基地的审批和供应,表面上看是为了节约土地资源。但是农民的居住需求是刚性的,尤其是随着人口的增加,必然会带来居住面积的增大。因此,这些农户为了解决自己的居住问题,一种办法是从那些有多余宅基地的人手里通过私下买卖的形式获得宅基地,形成了宅基地隐形流转的局面。另一种办法则是采取违法占用耕地来建造新房,不仅造成了耕地破坏,而且这种限制也是对农民居住权利的侵害,不利于农民基本生存权利的保障。

三、容易引发各种纠纷

闲置宅基地引发的纠纷主要有两类:一是因为部分农户的宅基地超标,引发其他村民的不满,进而引起农民之间的纠纷。比如,有的村干部或者其他有关系的农户,利用各种途径非法获得多余的或者超标的宅基地，但是又闲置不用，造成浪费。但在其他村民看来，这是对他们的一种漠视甚至侮辱。他们会在那些闲置的宅基地上实行相应的破坏行为，如堆放垃圾或者故意向闲置的宅基地进行排水等，造成相邻关系纠纷。二是对闲置宅基地的治理难度大，容易引发纠纷。在很多农民看来，村集体所划拨的宅基地是属于个人的财产，自己可以随意进行利用和处分。即便闲置很长时间，仍然认为是自己的宅基地，村集体没有权力收回。如果村集体因为村庄规划或者其他原因进行治理，很多农户就会要求对其超标或者闲置的宅基地也进行统一补偿。这样，不仅容易引发其他村民的不满，激化矛盾，而且会增大村集体进行治理的难度。

四、影响村庄规划和新农村建设

由于闲置宅基地和闲置房屋大多属于无人居住的情形，导致闲置宅基地断壁残垣，容易倒塌。闲置房屋年久失修，院落破败无序，很容易引发各种卫生问题，存在极大的安全隐患。

由于部分通往闲置房屋的道路状况极差，导致农民交通不便、出行困难，尤其是在雨雪天气情况下更加困难。同时，增加了农村基础设施、公共设施建设等现代化配套设施建设的难度，如互联网接入、自来水供给、有线电视接入等。另外，目前大多数农村的集体经济组织经济实力比较薄弱，对闲置房屋和闲置宅基地的治理以及集体土地整理所需要的补偿资金，缺乏相应的支付能力，也给村庄的统一规划治理和新农村建设带来了极大的困难，严重影响了村庄的有序建设和健康发展。

此外，这些闲置的房屋也容易成为各种不法分子藏匿和躲避的“天堂”，诱发其他犯罪行为，不利于农村社会的稳定和安全。我国提出的社会主义新农村建设，是要努力改变我国农村脏乱差的局面,改善人居环境,把农村建设成为乡风文明,村容整洁的新农村。闲置宅基地和闲置房屋的出现和存在,是制约农村人居环境改变和提高的重要因素,也影响我国新农村建设的顺利进行。

第二章 闲置宅基地实证调研与问题的提出
——以甘肃省为例

第一节 古浪县和张家川回族自治县调研情况介绍

一、古浪县的基本情况

古浪县地处河西走廊东端，为古丝绸之路要冲，隶属中国旅游标志之都——马踏飞燕的出土地甘肃省武威市，属国家级贫困县。全县总面积为5103平方千米，东南分别与白银市景泰县和武威市天祝县相连，西北与武威市凉州区接壤，北邻腾格里沙漠，是青藏、蒙新、黄土三大高原交汇地带。地势南高北低，海拔1550～3469米，地貌类型复杂多样，地貌分带现象明显。县境内区域类别多，有高山、丘陵、平原和荒漠,自然条件差异大,平均气温5.6℃,年降水量300毫米左右,蒸发量2300毫米以上,日照时数2852.3小时,无霜期140天左右。全县辖7乡12镇1个街道,260个村(居)委会,常住人口38.86万人,其中农业人口35.38万人。全县土地总面积变更约为7,654,500亩(5103平方千米),按权属分为集体所有土地约2,283,605.5亩,约占总面积的29.8%;国有土地约5,370,894亩,约占总面积的70.2%。按土地使用分为耕地约1,090,667亩,约占总面积的14.2%;园地约35,000亩,约占总面积的约0.46%;林地约1,544,000亩,约占总面积的20.2%;牧草地约2,416,092亩,约占总面积的31.6%;居民点及工矿用地约175,848亩,约占总面积的2.3%;交通用地约73,790亩,约占总面积的0.96%;水域面积约159,727亩,约占总面积的2.1%;未利用约2,159,375亩,约占总面积的28%。

二、张家川回族自治县的基本情况

张家川回族自治县位于甘肃省东南部。正常年景年降雨量约600毫米,年平均气温7℃左右,无霜期163天。张家川回族自治县地势由东北向西南倾斜。以山地为主,海拔在1486~2659.4米,平均海拔为2011.4米。全县地貌多样,主要有由高山、沟壑、平原、河谷等四部分形成。全县总面积1311.8平方千米,占全市总面积的9.14%,辖3镇12乡,258个村委会,总人口31.97万人,其中回族20.69万人,约占65%。全县土地总面积196.8万亩,占全县总面积的97.4%。耕地723,955.1亩,占36.7%;未利用土地219,840.1亩。

笔者于2014年8月前往古浪县西靖乡、大静镇、民权乡3个乡镇的12村进行了实地调研和走访。2015年7月笔者又前往张家川回族自治县的恭门镇、张棉乡、马鹿镇和平安乡4个乡镇的

10 个村进行调研。在两个县的调研过程中，主要围绕农村土地的确权颁证情况、宅基地的闲置情况，以及农村宅基地的流转、退出等问题展开调研，通过发放调查问卷、走访农户，与县国土局、县法院和基层法庭等政府和司法机关进行座谈交流等方式，较为全面地掌握了古浪县和张家川回族自治县农村土地确权和流转等相关问题的第一手资料。之所以选择古浪县进行调研，主要有两个原因：一是古浪县曾在 2012 年被甘肃省国土资源厅评为甘肃省节约集约土地达标县，在节约集约利用土地方面有比较成功的经验和做法；二是古浪县开展的移民工程取得了很大的进步。选择张家川回族自治县进行调研的原因在于，张家川回族自治县在农村土地确权和流转方面属于甘肃省比较早实行的县，而且确权率和土地流转率都比较高。

第二节　闲置宅基地治理的具体做法和成效

一、关于农村土地和宅基地确权

（一）张家川回族自治县的土地确权情况

张家川回族自治县依据国土资发〔2011〕60 号《关于农村集体土地确权登记发证的若干意见》和中央文件精神，要求各乡镇和各有关部门要从政治和全局的高度，把农村土地确权登记颁证作为全面深化农村改革的重要内容，摆上重要议事日程，纳入本乡镇政府工作绩效考核范围。由农业部门负责牵头组织、统筹协调和政策指导，财政、国土、统计、档案、法制等部门要充分发挥各自优势，各司其职，各负其责，密切配合，形成推动工作的强大合力，组织干部通过进村入户、召开会议、走访座谈，编印明白纸、宣传册，耐心细致地做好政策解读，帮助群众澄清模糊认识，打消思想顾虑，坚持尊重历史、面对现实的原则，以最大限度保护农民合法权益为基本出发点，依法依规有序进行登记。同时，坚持遵循“主体平等”和“村民自治”的原则，充分尊重农民群众意愿，让群众成为土地确权登记颁证的参与者、推动者和监督者。分别针对农村土地承包经营权、宅基地使用权、集体土地所有权、集体建设用地使用权等采取不同的确权步骤和方案，尽快完成农村集体土地的确权，保障农民财产性权利的实现。

张家川回族自治县已经基本完成农村集体土地确权工作，其中宅基地使用权 63,010 宗，约 3360 公顷；集体建设用地使用权 2700 宗，约 351 公顷；集体土地所有权 267 宗，约 9447 公顷。在确权过程中，张家川回族自治县国土局针对不同情况和地权类型进行了分别确认。

1. 宅基地使用权的确认

原则是实行一户一宅，同时考虑城乡差别，规定城区每宅 2 分地，约合 133 平方米；乡村每宅 3 分地，约合 200 平方米。对于人口较少的偏远山区则实行 3 ~ 3.5 分的弹性规定，但最多不超过 3.5 分地，即 235 平方米。对于由于历史遗留等原因超过规定的宅基地面积的部分，只进行确权，不发宅基地使用权证。

2. 集体建设用地使用权的确认

坚持尊重历史和现实的原则，同时考虑民族地区的特殊性，在确权过程中主要针对两类主体进行确权：一是以前的乡镇企业用地；二是清真寺用地。对于乡镇企业用地，仍然以乡镇企业为主体进行确权，如果乡镇企业已经不存在的，则将该地块确权给原乡镇企业负责人；而对于清真寺用地来讲，则属于全体信教群众所有，依法确权为全体教众集体使用。

3. 集体土地所有权的确权

根据我国法律规定,集体土地所有权的主体为乡(镇)农民集体所有、村农民集体所有、村内两个以上农村集体经济组织的农民集体所有。张家川回族自治县将集体土地所有权全部确权为村农民集体,即由村农民集体享有本村土地的所有权,具体由村民委员会来经营和管理。

4. 土地承包经营权的确权

张家川回族自治县于2015年8月制定了《张家川县农村土地承包经营权确权登记颁证工作实施方案》,坚持确保稳定,实事求是,尊重历史,依法规范,公开、公平、公正,先易后难、稳妥推进6项原则,确定了连五乡贠家村为试点村,力争利用90天时间完成试点村贠家村6个组354户1934人5638亩耕地的农村土地承包经营权确权登记颁证试点工作。马鹿镇也积极开展土地确权登记工作,各村各组成立了5人以上的确权登记工作组,广泛宣传动员群众自觉参与,由镇领导小组和驻村包抓工作组优先选取具有代表性的康王村先走一步,进行试点,掌握基本方法,积累工作经验,在此基础上在其他15个村全面展开。截至2015年11月,16个村的农村土地确权登记工作信息录入工作已全面完成。

(二)古浪县的土地确权情况

古浪县认真贯彻落实省市不动产统一登记工作相关部署要求,严格按照不动产登记机构、登记簿册、登记依据和信息平台"四统一"要求,成立古浪县不动产统一登记事务中心,以"一个窗口进,一个窗口出"的方式,设立不动产登记办理窗口,集中受理并颁发所有土地、房屋、林业、草原等不动产权证书,方便群众办理、查询不动产产权。2015年11月11日武威市第一本不动产权证书颁发仪式在古浪县举行,标志着不动产统一登记发证工作正式启动。截至2015年年底，黄羊川镇一棵树等7个村3046宗集体建设用地及宅基地使用权确权登记发证，黄羊川镇大南冲村375宗房屋测量工作和黄花滩生态移民暨"下山入川"新型农村社区1000户宅基地使用权确权登记发证工作已完成。

建立完善农村居民宅基地档案。在全县范围开展了宅基地发证登记工作，对农村居民宅基地位置、占地面积、建筑面积和用地审批等情况进行勘测定界，建立了数据库和完善的档案、台账，实行信息化管理，有效杜绝"一户多宅"现象。目前，共完成集体建设用地和宅基地使用权权属调查49,673宗，地籍测量49,514宗。修编规划杜绝土地浪费，完成了19个乡镇土地利用总体规划和土地整治规划编制工作。严格执行农村建房用地标准，坚决制止"单家独院"建房，鼓励和提倡农村居民点向新农村建设点集中。每年节约集体建设用地400多亩，有效提高了土地利用效率。

二、宅基地闲置的基本情况

从调研的总体情况来看，两个县的宅基地都存在不同程度的闲置，但是闲置的比例和形式都不一样。

从古浪县的情况来看，笔者在西靖乡3个村的调研中发现，这3个村都有宅基地闲置的情况，总体闲置比例约占整个村庄宅基地的26%。其中靠近半山区的朱家湾村闲置比例达到48%，比例最高。靠近省道旁边的陈家湾村闲置比例为18%，比例最低。但是在大靖镇的调研中发现，大靖镇的闲置比例要比西靖乡的低，总体闲置率约为8%。这可能与大靖镇作为古丝绸之路重要枢纽的地理位置，以及目前的经济发展水平较高有密切关系。从闲置的形式来看，西靖乡的宅基地闲置主要表现为两种：一种是宅基地本身的闲置，即只有一块地皮，没有任何的建筑物或其他构筑物;另一种是由于闲置房屋所导致的宅基地闲置。其中,只有闲置的宅基地的比例占到40%左右,因为房屋闲置导致的宅基地闲置约为60%。只有宅基地闲置的原因是由于有的农村多占宅基地但是未建房所造成的。房屋闲置中约有30%是因为户口迁移或者外出打工而导致房屋废弃的闲置,约有20%是无人继承所导致的,剩余的基本都是房屋破旧或者倒塌无人居住的情形。

从张家川回族自治县的调研情况来看,不同村庄的闲置比例也不一样。在恭门镇的调研中发现,闲置宅基地的比例约为28%。而在马鹿滩镇的康王村,闲置比例大约为15%。但是在较为偏远的平安乡,闲置比例达到了42%。从总体上看,张家川回族自治县的闲置比例约为20%。从闲置宅基地的形式上看,由于房屋闲置所导致的比例比较高,约占整个闲置宅基地的80%。主要原因是张家川回族自治县鼓励农民外出经商,并给予补贴,因此很多农民举家外出经商,导致房屋闲置。

通过对两个县的调研可以发现,闲置宅基地的比例比前面所分析的全国闲置的比例要高1倍左右,达到了20%左右的闲置率。主要由于这两个县的经济水平不高,农民外出打工或者经商的比较多,由此导致了房屋的闲置和宅基地的浪费。

三、关于闲置宅基地流转

调研发现,两个县在闲置宅基地的流转上有一些共同的地方,主要是通过宅基地的买卖来实现流转。并且,由于国家法律和政策的限制,宅基地流转都处于隐形流转的局面。这种形式的流转也是目前我国农村比较普遍的闲置宅基地流转方式。买卖方式又分为以下几种情况。

（一）“裸卖”

“裸卖”是指农户将自己通过集体成员身份获得的闲置宅基地直接进行买卖。在这种情况下，所出卖的宅基地上一般没有房屋或者其他建筑物或者构筑物，就是一块地皮，这种只能算是“裸卖”。

（二）“合作建房”或者“卖地建房”

随着城镇化建设的推进，中心城区周围的宅基地在面临巨大商机的同时，也面临着资金的缺乏。但是他们也有优势，就是宅基地，而有些投资者有资金却没有土地，于是二者一拍即合。具体做法为：拥有闲置宅基地的农户将宅基地的一部分出卖给投资者以获得资金支持，从而能够自己建起更好的房子并用于经营，而投资者通过资金的出让来获得部分宅基地的使用权，并在这部分宅基地上建房，用于出租或自已经营，实现了“双赢”的局面。但是，这种方式取得的宅基地和所建的房屋都没有任何权利证明。

（三）出卖闲置房屋

房屋作为农民自己的财产，农民对其拥有完全的所有权，可以占有、使用、收益和处分，其中就包括了出租、抵押、买卖等方式。因此，从法律上来看，农民出卖自己的房屋是完全合法的。但是问题是房屋是建在土地上的，出卖房屋必然牵涉房屋下面的土地转让问题。从目前的情况来看，农村房屋下面的土地都是所有权属于集体的宅基地，农民享有的仅是使用权。而一旦出卖房屋，根据“房地一体”原则，房屋之下的宅基地也将被出卖。这就导致宅基地被隐形地买卖。在调研中发现，只卖闲置房屋导致宅基地流转的情况也有两种：一是名为卖房，实为卖地。即有些农户打着卖房的旗号，实则是想通过卖房来卖地。出现这种情况是由于目前宅基地禁止买卖,但是宅基地上的房屋却可以自由买卖,于是这些农户就通过房屋买卖来实现宅基地的买卖。二是本来就想卖宅基地,但是为了获得更高的出价,在宅基地上盖几间房屋,然后进行房屋的出卖,可以借此提高宅基地买卖的价格。

(四)打包买卖

打包买卖即买卖的不仅是闲置房屋,还包括户主的闲置宅基地和土地承包经营权。将这三者打包作为整体出卖,尤其是户口仍然在本集体但人不在本集体生活的农户,他们将利用集体成员身份获得的已经闲置的宅基地以及宅基地上的房屋和承包地出卖给其他人获取利益。出现这种打包买卖的原因主要是有些农户举家迁移,但是其宅基地和承包地又无人回收,尤其是作为集体经济组织的不作为,以及30年不变的承包期都为打包买卖土地提供了便利。

这几种买卖宅基地的行为主要有以下几个特点:

1.交易主体的不特定性

根据法律规定,宅基地不得买卖,但是可以在本集体组织成员之间进行流转,不得向本集体组织成员以外的人转让。也就是说,即便是流转,宅基地流转的主体也是特定的,只能是本集体组织的成员。但是在调查中发现,卖方一般是本集体经济组织成员,是依据其集体成员身份获得的宅基地使用权人,是特定的。而买方则不特定,有的是本集体组织的成员,有的是其他集体组织的成员,甚至还有城镇户口的人。对于卖方来说,对方是谁不重要,关键是价格,只要出价合适,谁都可以卖。

2.交易方式和程序的非规范化

在交易方式和程序上,买方和卖方一般是私下交易,或是通过中间人交易。从调查的情况来看,基本上都是熟人之间、亲戚之间,或是通过熟人或亲戚介绍进行交易。在农村这样一个非常重视关系和面子的“熟人社会”,基本上不会签订正式的合同,最多写一个书面的收条或者协议,就算是交易完成了。另外,买卖双方在完成交易以后,无论买方是本集体组织成员、其他集体组织成员还是城镇户口的人,基本上都不通过本集体进行备案或者经过本集体的讨论,直接由买卖双方进行交付,而后买方直接取得对宅基地的使用权。而宅基地所在的集体组织也很少对这些现象进行干预。

第三节 调研中发现的问题及政府对策与民意

一、调研中发现的问题

通过对两个县的调研,发现在闲置宅基地治理过程中,围绕着确权、流转和退出等工作存在一些问题。

(一)缺乏农民的积极参与

在土地确权过程中,尤其是在宅基地使用权的确权登记中,以政府主导为主,缺乏村民的参与。在确权过程中,由县国土局采取分区域、有步骤的推进,先由国土局确定确权的村庄,然后派驻专业的测绘公司工作人员进行实地勘察和测绘,出具确权宅基地的草图和基本数据,最后统一交回国土局,再由国土局工作人员进行核实和确认,并根据现有规定和标准进行宅基地使用权证书的制作和发放。在整个确权过程中缺乏村民的参与,尤其是对于部分闲置的宅基地和外出务工家中无人的宅基地,在确权过程中没有对现有的宅基地使用权人进行仔细的调查和询问,可能会为以后的宅基地纠纷埋下隐患。

(二)对多占和超标宅基地的处理措施不力

在确权过程中,对于"一户多宅"的现象,如果能够进行分户确认的,都基本进行了分户确认,其实仍然属于原有家庭;对于宅基地超标的,则是按照宅基地标准进行确权,但是对于超标部分不发放宅基地使用权证书。根据我国《土地管理法》《物权法》等规定,我国实行严格的"一户一宅",且宅基地面积不得超过各省市规定的面积,否则可以由集体经济组织收回。而目前从调研的实际情况来看,并没有对一户多宅和宅基地超标的情况进行相应的处理。

(三)宅基地闲置现象较为突出,村庄缺乏统一规划和整理

这是目前我国大部分农村同时存在的问题。从调研情况来看,两个县农村闲置宅基地的比例约占20%。这些闲置的宅基地一方面会导致大量土地的浪费,同时也会影响和破坏村庄的整体形象。同时,由于村庄缺乏统一的规划和整理,村民私自多占土地和乱建情况比较严重,使整个村庄看起来凌乱无序,不仅影响美观,还会产生很多相邻纠纷。

(四)将耕地私自改为宅基地进行建房的情况较多

由于目前古浪县和张家川回族自治县的宅基地审批程序较为严格,导致部分新增农村户口无法在短时间内申请到建房所需的宅基地,于是部分村民就选择在自家或者其他村民的耕地上进行建房,将原有耕地变为宅基地。如果是在其他村民的耕地上进行建房,则主要是通过买卖或者互换耕地的方式来实现。这不仅改变了土地用途,造成耕地浪费,而且容易产生各种纠纷和矛盾,不利于农村社会稳定。

(五)村集体和行政机关不作为

面对农村集体土地买卖、乱占耕地、宅基地闲置等情况,作为

村民基层自治组织的村集体，尤其是村委会，还有作为土地主管机关的国土局等有关行政机关存在不作为的情况。比如，对于闲置宅基地，不进行调查和回收；对对乱占耕地建房和土地买卖等情况，也不进行调查处理，没有履行自己的职责。

二、调研地的地方政府现行的主要对策

(一)甘肃省张家川回族自治县的做法和政策

1. 具体做法

在闲置宅基地退出上，张家川回族自治县采取的办法是引导农民自愿退出。(1)以规划作前提。以之前完整和清晰的确权作为前提进行乡镇规划。(2)引导闲置宅基地的农民自愿退出，提供同村异地安置。考虑到城区周边和乡村的差别，规定城区每宅2分地，约合133平方米，乡村每宅3分地，约合200平方米。对于人口较少的偏远山区则实行3～3.5分的弹性规定，但最多不超过3.5分地，即235平方米。(3)实施货币补贴。对于自愿退出闲置宅基地进行同村再建的，给予每宅5万元的货币补贴。(4)对自愿退出的宅基地实行复垦或者流转。采取“政府拿、扶贫投、企业捐、会员缴、双联单位补”的形式，由县财政投入1250万元，在东部基础母畜繁育示范区高标准组建成立了25个村级产业发展扶贫互助协会，扶持养殖户633户，带动农户购进基础母牛2010头，良种羊2066只，突出了地域产业特色。

2. 配套政策

在宅基地实施退出后的配套政策上，甘肃省张家川回族自治县则鼓励农民进行自我创业或经商，为此专门出台了中共张家川回族自治县委、张家川回族自治县人民政府《关于大力发展清真餐饮服务业的意见》，对于从事清真餐饮和宾馆经营的给予信贷支持。由县上出资，聘请专业机构设计，在现有的清真餐饮店中

积极开展“四统一”示范活动，对达到“四统一”要求，经验收合格的，一次性给予1万元的补助资金。对于获得国家驰名商标、“中华餐饮名店”、“中华老字号”等称号和全国烹饪大赛奖项的餐饮经营者，给予一次性奖励2万元；对于获得甘肃著名商标或甘肃烹饪大赛奖项的餐饮经营者，给予一次性奖励1万元；对于获得天水市知名商标、县级民族特色餐饮名店的经营者，给予一次性奖励0.5万元；对于被所在地县级以上党委、政府表彰奖励的给予一次性奖励0.5万元。据统计，每年全县平均输转农村富余劳动力6.34万人，创劳务收入6亿多元，其中从事清真餐饮服务业3.1万人，实现劳务收入4.75亿元。目前，在外有清真餐饮经营店和宾馆的达到数千家，遍及20多个省会城市和200多个中小城市。

（二）甘肃省古浪县的做法和政策

1. 具体做法

古浪县结合国家新一轮扶贫开发和市委实施“下山入川”工程的要求，宅基地退出实行的是由政府主导的整村搬迁模式。由于古浪县很多农村都处于祁连山余脉的山区和半山区，交通和地理条件都不太好，因此结合新农村建设实施整体移民搬迁，鼓励和引导农民宅基地退出。随后，实施了黄花滩生态移民暨扶贫开发项目。2013年率先开工建设的第一个移民新村——感恩新村社区概算投资1.3亿元，占用未利用土地1390亩，建成日光温室22座，养殖暖棚538座。已经完成的5号移民点宅基地平整1600亩，计划新建移民住宅1000套，修建养殖暖棚506座，日光温室300座。

宅基地退出的具体做法包括：（1）由政府主导，先由政府对需要移民搬迁的村庄进行调研，统计农民退出宅基地的意愿。再确定移民搬迁的位置和区域，完成规划，实行集中居住。新的集中居住地一般都建在相对平坦和靠近过道或者高速公路等交通便利的地方。(2)对所有农户实行同等对待。具体做法是,无论原来农户有多少面积的宅基地,上面有多少房屋,在集中安置的时候都是按照统一的标准,即长 15 米 × 宽 20 米,约 300 平方米进行安置。另外,政府为每 1 户宅基地使用权人提供 4 万元的建房补贴,但是要求必须要盖 3 间房,大约 50 平方米。(3)由政府出资或者引入社会资金对退出的宅基地进行复垦或者再利用。但是由于古浪县大部分的农村处于山区和半山区,复垦和再利用难度较大,因此,在调研中也发现,退出的宅基地基本处于荒废状态,没有再复垦或者进行其他利用。

2. 配套政策

在宅基地退出的配套政策支持上,古浪县主要采取以下措施:(1)古浪县将劳务输出作为农民增收的大项目和大产业,全县每年输出劳动力人次在 8 万以上,每年通过劳务输出所获得的收入在 10 亿元以上,占农民纯收入的 1/3 左右。(2)强化培训提素质。依托"雨露计划"、"劳动力转移培训计划"、"阳光工程"和"两后生"培训等工程,采取订单培训、校企联合等多种形式,全面做好农村贫困家庭劳动力输转培训工作。2010 ~ 2013 年先后共计培训农民 10 万人次,主要涉及养殖业、服务业、农产品种植、专业技能等各种培训。争取"雨露计划"培训资金 435 万元。(3)专项整治美环境。启动实施大靖镇洋湖塘村和西靖乡阳光新村两个全省"千村美丽"示范村建设工程,落实省级投资 200 万元,县级配套 400 万元。确定了古丰乡冰沟墩村、黑松驿镇萱麻河村等 8 个村为整洁村庄示范点,完成了"三堆"清除、残壁断墙清除、村级道路硬化、围墙加固修缮等工作,村容村貌明显改善。

三、当地目前的民意

笔者在调研中除了发放调查问卷之外，还走访了部分村民和村干部，同时对两个县的国土等部门也进行了访谈，发现不同主体对于闲置宅基地的治理有不同的认识。

（一）农民的态度

从农民的角度来看，主要有以下几点认识。

1. 对于宅基地的认识

95%以上的农民认为宅基地就是自己的。虽然他们也知道土地是集体的，但是他们认为只要批给自己了，在上面盖了房子，宅基地就是自己的，可以根据自己的需要来进行处分，买卖也行，出租也行，主要看自己的需求情况。

2. 对于宅基地闲置问题的认识

调研发现，几乎每个村庄都有宅基地闲置的情况，有的偏远山村的宅基地荒废闲置比例高达80%，长期无人居住。在农民看来，既然宅基地是自己的，想用就用，不想用就扔，别人也管不着。当我们说这是集体土地，应该交给集体的时候，他们一般会说根本就没人管，即使荒废了，没人了，也没有什么集体来收回，就任其闲置。

3. 对于闲置宅基地治理问题的认识

笔者问他们愿意怎么处理的时候，85%的农民认为应该由国家出钱给他们收回。如果能确定闲置宅基地的原使用权人，则应该补偿给原使用人；如果不能确定，或者这家已经没人了，则应该由所有村民平分所得补偿款。还有一部分认为，应该卖给企业或者其他单位以获得更好的收益，在他们看来，卖给国家所获得收益比卖给企业等单位的收益要低得多。

4. 对于“一户多宅”和宅基地面积超标问题的认识

80%以上农民认为导致“一户多宅”和宅基地超标的主要原因是关系，认为那是一种本事，而且在某种程度上是一种身份和权力的象征，代表有更多的社会资源。即只要有关系，就可以获得普通农民所无法获得的更多资源。另外，有一部分农民认为是由于政府监管失职，不管不问，任由农民自己随意建房造成的。

5. 对于宅基地买卖和其他流转等问题的认识

大部分农民认为，应该允许买卖，不应该限制。他们也认为，自己会对自己的利益形成最佳判断。卖不卖，卖多少钱，卖了以后去哪里，生活怎么保障等问题，农民自己会算账，而不是我们想象的只要卖了农民就无家可归，成为流民。

6. 对于政府推行的统一集中居住模式的看法

大部分农民认为这是解决农村宅基地问题很好的办法。但是他们也强调，不能强迫，只能引导或者鼓励。因为有很多农民还是喜欢住在原来的宅子里，一是觉得宽敞，二是有感情，觉得舒服，所以应该由农民自己选择。但是，如果政府提供的条件比较好，如补偿的宅基地面积比较大，建房补贴比较高，生活等配套设施比较完善的话，还是愿意统一集中居住。

（二）村集体经济组织（村委会）

笔者走访了村委会主任、书记和村民小组组长等，发现从村集体经济组织，主要是村委会的角度来看，他们对农民宅基地的现状基本上是漠视的。

在他们看来，农村集体已经不像原来那样有权力了。尤其是在宅基地的问题上，他们也认为既然已经分给农民了，那就是农民自己的财产，集体组织无权干涉，农民自己有权进行任何处置。即使那些常年荒废的宅基地，集体也不愿收回。主要是由于都是熟人,即便长辈去世无人居住,但是只要有亲戚在,还认为这块宅基地是属于他们家族的,集体都不愿意去做这种得罪人的事情。因此,由于集体经济组织的虚化和权力的没落,导致农村闲置宅基地无人管理,任其发展和荒废。

就闲置宅基地的治理来说,他们更愿意顺应政府的号召,采取政府所提倡和主张的一些治理措施。一方面,作为基层实际管理者的他们需要按照上级的指示来办事。尽管我国法律规定村委会属于基层自治组织,但是在农民和他们自己看来,他们就是政府的代言人。另一方面,他们也有自己的利益考虑,如可以获得基层政府的更多信任,以后方便办事。此外,也有为自己争取利益最大化的初衷。所以,他们会积极配合政府进行治理的相关工作。

(三)政府部门

从政府的角度来看,政府是非常愿意对宅基地进行治理的。一是可以以此为由来争取上级政府的各种项目、补贴和其他资金支持,从而能够获得更多的使用资金;二是可以获得某种政治利益,如通过农村整治,形成有特色或者有宣传效应的一些政绩,获得上级部门的认可,顺利升迁。因此,政府在宅基地治理过程中表现得非常积极,他们会在法律框架内出台各种优惠的政策来鼓励农民进行宅基地的退出。但是,笔者在调研中也发现,由于古浪县和张家川回族自治县都属于贫困县,政府财政投入农民宅基地治理的资金有限,在实施了相应的搬迁或者补贴后,对退出宅基地的复垦、复耕就显得力不从心。导致已经退出的宅基地再次被闲置,造成土地的二次浪费。

第三章　闲置宅基地治理的主要法律规定与实践及分析

第一节　闲置宅基地治理的主要法律规定与分析

虽然,宅基地闲置在我国已经达到一定的比例,并且随着城镇化进程的加快,还出现了更大范围和更高比例的闲置,但是我国目前关于闲置宅基地治理还没有明确的法律规定,而一些地方已经开始尝试以地方性通知、办法等来规范闲置宅基地的治理。本章主要围绕我国现有的关于闲置宅基地治理的主要规定和地方实践做法,总结闲置宅基地治理的措施和方法。

一、现行主要规范

(一)基本法律

我国现有的基本法律对于闲置宅基地没

有明确的规定，我国《宪法》第 10 条仅确立了宅基地属于集体所有，明确了宅基地的所有权归属；我国《土地管理法》虽第一次提到了“空闲地”，该法第 62 条第 2 款规定农村村民建房应该优先使用村内的空闲地和原有的宅基地，但对于如何使用并没有规定；2007 年我国《物权法》第 153 条对宅基地使用权的相关问题没有作明确规定，只是规定应该适用土地管理等相关法律；2011 年修订的《土地管理法实施条例》也没有对《土地管理法》中提到的“空闲地”作出任何解释和说明。因此，从国家层面的基本法律来看，目前虽对闲置宅基地有所认识，但是没有足够重视。由此带来的问题就是各地所指定的关于土地管理法的实施办法中也无视了闲置宅基地的存在，导致闲置宅基地的治理一直处于一种相对空白的状态。

（二）《闲置土地处置办法》

《闲置土地处置办法》是国土资源部 1999 年出台、2012 年 5 月 22 日修订通过的，主要是对国有建设用地闲置的处置，其中界定了“闲置土地”的基本概念，规定了闲置土地的调查和认定程序、处置与利用、预防与监管以及法律责任。该办法第 31 条规定，对于集体所有建设用地闲置的相关调查以及认定和处置，可以参照执行。也就意味着宅基地闲置的相关认定和处置也可以以此为基础来进行操作和落实。但是，由于该办法主要是解决国有建设用地的闲置问题，并因此设置了很多程序和责任，赋予了国土资源管理部门更大的调查和处置权力，而且国有建设用地使用权取得方式具有特殊性，故该办法对于农村闲置土地的适用性被大大降低。主要表现在以下几个方面：

第一，对于闲置土地的认定，该办法只规定了国有建设用地闲置的认定标准和方法，却没有对集体闲置土地的认定作出明确规定，只是笼统地规定了集体所有建设用地参照本办法执行。

第二，该办法中所规定的闲置土地的认定标准也无法适应农村集体闲置土地的认定。比如，《闲置土地处置办法》中规定的动工开发、已投总额等认定标准和时间，在农村集体土地闲置的认定中，尤其是在闲置宅基地的认定中缺乏可操作性。

第三，《闲置土地处置办法》所规定的处置和利用办法不能适应农村闲置集体土地的处置和利用现实。比如，《闲置土地处置办法》中规定的延长动工开发期限、调整土地用途、规划条件等处置方式，不可能在闲置宅基地处置中予以适用。

在该规定出台前后，全国各地也相应出台了各地的闲置土地处理办法，如《北京市闲置土地处理办法》《长春市闲置土地处理办法》《广州市闲置土地处理办法》《深圳市闲置土地处置工作方案》《常州市闲置土地处置工作流程》等，但都是以国有建设用地的闲置作为规制对象，没有对农村集体建设用地，包括农村宅基地闲置作出明确规范。

（三）《关于加强农村宅基地管理的意见》

2004 年国土资源部制定了《关于加强农村宅基地管理的意见》，在第 10 条提到关于农村闲置宅基地的利用问题，明确规定：(1)各地根据自己的实际情况，开展对农村闲置宅基地、“空心村”、“一户多宅”、空置住宅调查和清理工作。(2)各地要制订消化利用这些闲置住宅和闲置宅基地的具体规划和计划，以及配套的政策措施。尤其是对于农村村民进行新建、改建和扩建住宅的，要首先考虑充分利用村内老旧宅基地、空闲地、荒坡地以及废弃地。(3)如果本村内有老宅基地或者空闲地没有被充分利用，则上级部门不得批准占用耕地进行建设。对于利用村内的空闲地和老旧宅基地建住宅的，也要符合村庄规划。(4)对“一户多宅”的情形和闲置房屋、住宅，要制定相应的激励措施，鼓励农民自愿有偿退出多余的宅基地。该规定对于农村闲置宅基地提出了原则性的处理意见，即先调查清理，再制订规划，最后结合各种激励措施对闲置宅基地进行充分利用。

（四）《节约集约利用土地规定》

国土资源部2014年发布的《节约集约利用土地规定》第32条规定，要建立城镇低效用地再开发、废弃地再利用的激励机制，对那些布局散乱，利用方式粗放，利用途径不合理和闲置浪费等低效用地进行再开发，对废弃地实行复垦再利用，促进土地优化利用。这个规定提到了低效用地、废弃地的基本概念，并且，原则上采取的措施是鼓励再开发和再利用，指出可以自行开发或者合作开发。这为农村闲置宅基地的治理提供了开发利用的制度支撑和保障，尤其是其提到的合作开发利用，将有利于大大提高农村闲置宅基地的再开发和利用程度。

二、对现有规定的简要分析和评价

通过对现有法律法规和相关规定的梳理，可以看出，目前我国对于闲置宅基地的规定几乎是空白的，除了极少数地方政府出台了一些政策文件之外，没有其他的法律或者行政法规等更高级别的规范对此问题进行规定。而面对日益空心化的农村和大量的闲置宅基地，这样的制度缺失，一方面会使闲置宅基地的问题得不到应有的重视，会加大农村空心化的程度，威胁农村社会的稳定和发展；另一方面由于缺乏相应的制度设计，使对闲置宅基地的定性不清，无法准确认定哪些属于闲置的宅基地，由此进一步导致对宅基地闲置的治理措施无法对症下药，造成土地的低效利用甚至大量浪费，威胁粮食安全。

从我国现有关于宅基地的法律规定来看，已经认识到农村存在宅基地等集体土地闲置的问题,其中所强调的“一户一宅”是我国农村宅基地利用和管理的基础,也是对“一户多宅”和闲置宅基地进行清理的主要法律依据。无论是《土地管理法》《关于加强农村宅基地管理的意见》还是《节约集约利用土地规定》,都提到了“空闲地”“低效用地”“废弃地”等基本概念,但是都没有准确界定这类概念,使人无法明确这类概念所涵盖的范围和适用的对象。

另外,正是由于国家层面的法律规定对于闲置宅基地的问题采取模糊和笼统的说法,导致地方在制定相关实施条例和细则时也无法具体化。同时,由于有些文件属于部门通知或者意见,效力层次比较低,对地方的约束力也很有限。因此,有的地方在具体细则或者实施办法里也是像上级文件那样口号式的提一下,却拿不出任何能够操作的规范。有的地方贯彻实施时根本不提,完全忽视闲置宅基地的问题,这也成为宅基地闲置的一个原因。

第二节　地方立法改革和实践的主要做法

一、广西壮族自治区的具体做法

广西壮族自治区 2014 年发布了《关于农村闲置宅基地整治利用的实施意见》,明确规定了“农村闲置宅基地是指农民房屋闲置或建新房不拆旧房形成的空闲宅基地”。同时规定了对闲置宅基地治理的几种方式,包括优先利用闲置宅基地新建住宅、基础设施和公共服务设施,原址建设新村,保护开发古村古镇、宗祠寺庙,以及利用闲置宅基地进行耕地、园地和林地的复垦。该意见通过确权登记、科学规划等政策保障了闲置宅基地的有效治理。

该意见是广西壮族自治区国土资源厅在充分调研的基础上形成的,采取先行试点,逐步展开,全区摸底的方式,掌握了整个广西壮族自治区农村宅基地闲置的基本情况。然后对症下药,主要以房屋闲置和"建新不拆旧"为突破口,对于不同的情形采取不同的治理方式,具有很强的针对性和可操作性。

1. 具体整治措施

主要有以下具体整治措施:(1)村内有新增宅基地需求的,优先利用闲置宅基地保障。(2)对零星分散的闲置宅基地,整治后用于文化、体育、养老、卫生等公共基础设施建设和服务设施建设。(3)对区位条件和交通条件相对较好的闲置空心村进行整体拆除,并在原来的村庄地址上科学规划建设新村。(4)对古村古镇和宗祠寺庙等历史文化遗产进行开发利用和保护,鼓励引进社会资本合作开发。(5)闲置宅基地治理要优先复垦为耕地,复垦以后的耕地由原宅基地使用权人优先承包耕种;对于因为地形等原因不适合复垦为耕地的,因地制宜复垦为林地、园地等农业用地。

2. 政策保障措施

通过实施城乡建设用地增减挂钩,将腾退的建设用地与新建土地挂钩。新建宅基地实施有偿使用,所得的收益要全部返还农村,支持农村发展,主要用于农村闲置宅基地的整治和利用。同时,鼓励闲置宅基地的复垦和再开发利用。对于自愿退出的农民实行奖励政策。在具体实施保障上,通过宅基地确权登记、科学合理的规划和加强监管等措施,保障闲置宅基地治理的顺利实施。

二、浙江省淳安县的做法

浙江省淳安县 2011 年发布了浙江省淳安县人民政府办公室

《关于加强农村闲置宅基地管理的通知》,是我国首次以明文的形式规定闲置宅基地的问题。其主要亮点和特点有以下几点:

1. 首次明确提出"闲置宅基地是指被村民实际占用面积超过县政府规定标准并可独立使用的宅基地,包括住房、厨房、猪(牛)栏、厕所、庭院、晒坦、仓库等所占用的土地"。这一概念比我国现有法律关于宅基地的概念外延更大,更加符合农村生活的实际情况。同时还列举了闲置宅基地认定的几种具体情况,具有很强的可操作性和适用性。

2. 明确了闲置宅基地治理和处置的主体是村级集体经济组织,即村民委员会。这是将农村闲置宅基地的认定及其处置等权力赋予农村集体经济组织,而不再是由政府主导,使农民自己能够主动积极参与闲置宅基地的治理和处置,成为自己利益的主导者。

3. 在闲置宅基地的治理方面,该通知采取了宅基地有偿调剂制度、宅基地退出的激励机制、宅基地有偿使用制度和闲置宅基地复垦制度,较为完善地对闲置宅基地进行了有效治理。

4. 对不同形式的宅基地治理措施设置了不同的程序要求和保障措施,同时对政府相关部门的权责作了规定,确保治理措施的落实。

三、对现有实践模式的简要分析

与国家层面相比,部分地方其实已经开始注意和重视闲置宅基地的问题,并且出台了详细的规定。这些地方不但出台了专门的闲置宅基地治理办法,明确了闲置宅基地的概念和适用对象,而且都根据本地区的实际情况采取专门的治理措施,具有很强的针对性和可操作性。从广西壮族自治区和浙江淳安的实践来看,主要有两点启示。

1. 对于“闲置宅基地”概念界定的差异反映出目前我国闲置宅基地情况的复杂性和多样性。比如，广西壮族自治区将闲置宅基地界定为农民房屋闲置或建新房不拆旧房形成的空闲宅基地。而浙江省淳安县的定义则更加宽泛，包括了超标但是可独立使用的宅基地和其他生活附属设施所占用的土地，而且明确列举了闲置宅基地的六种具体情形。这个定义更加符合前文提到的土地学中对宅基地的定义，考虑到了农村的实际生产和生活情况，对闲置宅基地的治理更加具有指导意义和可操作性。

2. 闲置宅基地治理主体存在差异。广西壮族自治区是将政府作为闲置宅基地的主要推动者，而浙江省淳安县则规定村农民集体经济组织（村民委员会）是农村闲置宅基地治理的主体。这种治理主体的差异反映了某种利益需求。政府基于政治利益和经济利益的考虑，会积极推动闲置宅基地的治理，以便能够更多地获得城镇建设用地指标。在集体经济组织主导的模式下，是以集体利益和农民利益作为优先考虑的。因此，闲置宅基地治理主体的不同，会基于利益需求的不同而采取不同的治理措施，从而影响治理的效果。

因此，从我国农村发展和土地综合利用的角度考虑，也应该加快试点调研，在全国范围进行闲置宅基地的调查研究，综合考虑各地区的实际情况，合理界定闲置宅基地的适用对象和范围，有序分类，制定有关闲置宅基地的全国统一规定。

第三节 农村产权制度改革试点地区的各种做法

一、宅基地换房模式

宅基地换房的模式主要有两种做法:第一种做法是在土地利用总体规划范围内,为了节约集约用地,将分散的自然村落撤并,引导村民集中居住,将村民原先分散的宅基地置换出来,重新在集体所有的土地上另辟新址建房;第二种做法是在政府的主导下,农民自愿以其宅基地按照规定的置换标准,换取小城镇内的一套住宅,迁入小城镇居住。宅基地换房的模式主要有上海、嘉兴的宅基地置换模式,成都、天津的宅基地换房模式和重庆的"双置换"模式。

(一)上海模式

为了促进郊区农民向城镇集中,合理利用土地,2003 年上海市政府颁布了《关于鼓励本市村民宅基地让出给农村集体经济组织的实施细则(试行)》,村民宅基地让出给农村集体经济组织,是指郊区村民按照自愿原则,将依法取得的宅基地让出给村集体经济组织或者村民委员会,不再申请宅基地的行为。这实质上就是宅基地的一种置换。

基本做法是先确定宅基地置换的对象(以行政村为单位),然后编制置换方案(包括土地整理复垦方案、集中建房基地土地利用方案、节余土地开发方案、宅基地置换资金平衡方案等),方案报批后与农民签订置换协议,并大规模、一次到位地完成安置基地的建设。置换村民集中搬迁至安置基地,在新的安置基地上集中建设多层、联排及叠加住宅,由于安置房的容积率较高,因此，节余的土地占被置换基地面积的一半以上。农民入住后拆除原宅基地上的房屋并复垦，最后通过节余土地的出让得到资金平衡。宅基地置换后农民获得了城镇户口和城镇社会保险，但同时失去了原有的承包经营用地，因而必须自谋职业。一个行政村置换完毕后再开始第二个行政村的置换，如是循环。[①]

（二）嘉兴模式

浙江省嘉兴市创造的“两分两换”试点模式，采取农村村民的宅基地使用权和土地承包经营权分开的流转方式，以宅基地置换城镇房产，用土地承包经营权置换社会保障，但是这两者并不是捆绑在一起进行流转，而是尊重农民的流转意愿。村民置换出来的宅基地房将被拆除，原宅基地通常复垦为耕地。让农民的生产和生活资料变成“有价资产”，实现“民有、民享”，既集约利用了土地，又保障了农民的合法权益；既增加了农民财产性收入，又解决了农民的社会保障问题；既对现有农村土地制度进行了改革创新，也为破解我国城乡二元分割对立难题作出了有益尝试。[②]

（三）成都模式

2004 年以来，成都市为改善农民居住条件，在中心城区实施了“新居工程”。“新居工程”是在城市化进程中，按照统筹城乡经济社会发展推进城乡一体化的战略部署，实现农村居民向城市居民转变、农村社区建设管理体制向城市社区建设管理体制转变的重要环节。“新居工程”采取土地整理、宅基地置换的办法使用集体土地，实行农民集中居住后，对农民原有住宅应实施拆除，

---

① 高超、施建刚：《上海农村宅基地置换模式探析——以松江区佘山镇为例》，载《中国房地产》2010 年第 7 期。

② 杨遂全等：《“小产权房”处置与土地制度创新——以城乡房上联建权合法化为突破口》，法律出版社 2013 年版，第 169 页。

对拆除的地面附着物,参照有关规定进行实际补偿。其中,住宅的居住用房按人均35平方米建筑面积进行补偿和集中安置,今后征地时不再安置住房。农民进入“新居工程”小区,原农房拆除后,其腾出的宅基地总量扣除农民新居建设用地后的余额部分,在符合土地利用总体规划和城市规划的前提下,用作农业用地或非农产业的建设用地。“新居工程”房屋产权实行统一管理,无论其土地性质是集体还是国有,均由市房管部门受理产权登记,土地未征用的房屋,在其房屋所有权中批注明确土地性质为“集体”,不能上市交易。①

(四)天津模式

从2005年开始,天津市为了促进和推动小城镇建设,通过调研和征求农民意见的方式,提出了“宅基地换房”的政策。天津市提出的“以宅基地换房”就是在国家政策框架之内,坚持农民承包责任制不变、耕地总量不减少,充分尊重农民意愿,高水平规划、设计和建设一批有特色的适合产业聚集和生态宜居的新型小城镇。农民用自己的宅基地,按照规定的置换标准无偿换取小城镇中的一套住宅,迁入小城镇居住。对农民原有的宅基地统一组织复耕,实现耕地占补平衡。在规划建设的新型小城镇,除了规划农民还迁住宅小区外,还要规划出一块可供市场开发出让的土地,通过土地出让获得的收入,平衡小城镇的建设资金。② 坚持的基本原则是承包责任制不变、可耕种土地不减、尊重农民自愿和以宅基地换房。通过编制规划、履行审批手续、成立领导机构、

---

① 杨遂全等:《“小产权房”处置与土地制度创新——以城乡房上联建权合法化为突破口》,法律出版社2013年版,第170页。

② 宋壮源:《新农村建设的创新之路——天津通过宅基地换房建设小城镇》,载《上海农村经济》2008年第10期。

组建示范小城镇开发建设投资机构、签订相关协议、土地整理和进行创新管理等步骤来完成宅基地换房。

在宅基地换房政策的推动下,天津市东丽区华明镇4万多农民变市民,获得了自有产权的楼房,从平房院落搬进了宽敞明亮的小楼里,实现了一个快速城市化的奇迹,有效解决了工业化、城市化的土地空间制约;同时还促进了农业规模化经营,转变了农业发展方式,有利于更好地节约集约利用土地资源。并使农村居住的自然散乱格局向科学规划布局转变,推动了基础设施和社会事业覆盖率,改善了农村生产生活条件和农民生活质量。[①] 为此,中央充分肯定了天津提出的宅基地换房政策,将天津列为全国试点城市。

(五)重庆模式

重庆市作为国务院批准的全国统筹城乡综合配套改革试验区,于2007年9月发布了重庆市人民政府办公厅《关于加快农村土地流转促进规模经营发展的意见(试行)》,该意见第13点提到了合理解决农村空置房和宅基地的问题,规定按照统一规划、集中建设、节约集约的要求,在保证农民生产生活方便的前提下,引导农民向城镇和中心村适度集中居住。鼓励迁入城镇并有固定住所的农民自愿放弃宅基地,对自愿放弃的宅基地,各地可结合实际制定相应的补偿政策给予补偿。在务工地和城镇已有居所的农民可依法出租、转让在原籍的房屋,但出租、转让房屋后不能再申请宅基地。在符合土地利用总体规划的前提下,允许从事规模经营的农业企业有偿使用农民的宅基地和房屋用于生产经

① 马林靖:《快速城市化进程中来自新市民的声音——天津宅基地换房农民的就业与生活考察》,南开大学出版社2012年版,第152页。

营活动。农民在依法取得的宅基地上从事“农家乐”等经营活动的,应予支持。鼓励利用已转移农民自愿放弃的宅基地、空置房承接安置高山贫困移民、生态移民等政策性移民。放弃、置换的宅基地可以统一整治、统一规划,用于统一集中安置,也可以整治复耕,复耕后其指标可有偿流转。

重庆市的做法主要是用城市的社会保障换农村的承包地、用城市的住房换农村的宅基地。凡是拥有稳定的非农收入来源,并自愿退出宅基地使用权和土地承包经营权的村民,可以申报为城镇居民户口,并在子女入学、养老保险等方面与城镇居民享有同等待遇,同时获得宅基地和承包地方面的一次性补偿,宅基地指标纳入区集体建设用地储备库,退出的承包地由各镇土地流转中心统一登记造册,由各村土地流转服务站统一管理和经营。[①]

二、成都联建房试点

联建是指“5·12”地震后,地震重灾区出台的一项新的城乡住房重建政策,即由受灾村民提供自己的宅基地同出资人联合,完成农房修建,政府按照投资者和农户的建设约定分割办理土地使用证、房产证,保障双方权益的过程。

国务院出台的《汶川地震灾后恢复重建条例》中规定:地震灾区的各级人民政府应当多种渠道筹集资金、物资,开展地震灾后恢复重建;国家鼓励公民、法人和其他组织积极参与地震灾后恢复重建工作。由此,灾后农村房屋联建开始成为引入社会资金参与重建的重要方式。基于此,成都市为加快灾后农村住房的重建,先后制定了中共成都市委、成都市人民政府《关于加快灾后城

---

① 崔丽娟:《天津“宅基地换房”与重庆“双交换”模式比较与借鉴》,载《天津经济》2010年第3期。

乡住房重建工作的实施意见》(成委发〔2008〕27号),[①]成都市人民政府《关于坚持统筹城乡发展加快灾后农村住房重建的意见》(成府发〔2008〕46号),[②]成都市人民政府办公厅《关于加快农村产权制度改革推进灾后农村住房重建的意见》(成办法〔2008〕66号),[③]中共成都市委统筹城乡工作委员会、成都国土资源局《关于重灾区农户灾毁住房联建等有关事项的通知》(成统筹〔2008〕93号)以及都江堰市人民政府《关于加快灾后农村住房重建的实施意见》(都府发〔2008〕73号)[④]。

这些政策措施的制定出台,吸引了大量社会资金参与,加快了灾后重建的步伐。截至2009年2月,都江堰市城乡房屋重建已经开工29,521户,其中社会资金开发重建开工达3420户、48万余平方米。2008年12月22日,都江堰市大观镇茶坪村村民王某某和联建者成都市民邓某某,分别领到了一本鲜红的《集体土地使用证》。这是四川地震灾区为农房联建办理的首张集体建设用地使用权证,它标志着作为全国统筹城乡综合配套改革试验区的成都市,在灾后重建过程中又向城乡土地"同证同权"迈出了

---

① 成委发〔2008〕27号规定:各区(市)县政府负责结合农村住房重建安排落实土地整理和"拆院并院"项目,筹集建设用地"增减挂钩"项目的建设资金。节约的建设用地可由当地政府引进社会投资开发建设。

② 成府发〔2008〕46号规定:"通过农村产权制度改革和集体建设用地流转政策,充分调动群众的积极性,支持群众或集体经济组织自筹资金实施重建。积极引导社会资金直接投资重建项目,吸引社会资金与农户、农村集体经济组织合作,联合重建。"

③ 成办法〔2008〕66号规定:"受灾农户和集体经济组织可以利用确权后的宅基地、集体建设用地,引入社会资金按规划联建房屋,并办理相应的产权和手续。"

④ 都府发〔2008〕73号规定:"为加快农村灾后重建,利用城镇建设用地'增加挂钩'政策(即'拆院并院')和国家相关扶持政策,鼓励社会资金参与,结合我市实际予以政策扶持。"

坚实一步。[①] 从王某某持有的土地证上可以看到，其中“地类（用途）”栏中填写的是“农村宅基地”，“使用权类型”栏填写的是“批准拨用宅基地”；而在邓某某持有的土地证上，“地类（用途）”栏填写的是“住宿餐饮用地”，“使用权类型”栏填写的是“出让”，使用年限确定为40年。这样，以前的宅基地使用权在联建方就转变成了集体建设用地使用权。但是，宅基地使用权的用途具有限制性，而集体建设用地使用权用途则广泛地多。集体建设用地使用权不仅可以用于工业、商业、旅游业、服务业、建设农民住房、农村集体经济组织租赁型经营房屋以及公共公益性基础设施建设，最重要的是现行法律法规和政策对集体建设用地使用权除了不能用于房地产开发以外，几乎没有任何限制，这就相当于联建房屋获得了可上市自由流转的准生证。[②]

三、宅基地的有偿使用

1990年《国务院批转国家土地管理局关于加强农村宅基地管理工作请示的通知》中提出，进行农村宅基地有偿使用试点，确定宅基地有偿使用收费标准时，对在规定用地标准以内的，既要体现有偿原则，又要照顾群众的经济承受能力，少用少交费，多用多交费；超标准用地的，应规定较高的收费标准；对级差收益较高地段，收费标准要适当提高。宅基地使用费要本着“取之于民，收费适度；用之于村，使用得当”的原则，实行村有、乡管、银行立户制度。专款专用，主要用于村内基础设施和公益事业建设，不得

---

① 都江堰市国土资源局：《灾区房屋联建发出首张“土地证”标志着成都在灾后重建中又向城乡土地“同证同权”迈出坚实一步》，载《资源与人居环境》2009年第2期。

② 杨遂全等：《“小产权房”处置与土地制度创新——以城乡房上联建权合法化为突破口》，法律出版社2013年版，第177～178页。

挪作他用。同年，吉林省人民政府办公厅转发省土地局、省财政厅、省物价局《关于农村宅基地实行有偿使用意见的报告》中规定，农村居民宅基用地（含乡、镇所在地的集体土地），均实行有偿使用。宅基地使用费以户为单位，按实际使用的土地面积执行“定额均收，少占少收，超占加收”的原则，并制定收费标准。

其实，从 1985 年开始，山东省一些地方为了提高宅基地使用效率，按照土地所有权与使用权分离的原则，已经进行农村宅基地有偿使用的试点。试点以后发现实现宅基地有偿使用有很多好处。一是节约了耕地，实行宅基地有偿使用后，许多农民退出了多占的宅基地，撤回了超前建房的申请，腾出了乱占的空闲地；二是减少了宅基地纠纷，通过实行宅基地有偿使用，消除了宅基地私有观念，从而减少了争宅基地的纠纷；三是促进了农村干部的廉洁，通过有偿使用，有效地制止了农村基层干部多占宅基地等谋私现象，缓解了农村干部与农民之间的矛盾；四是为农村村镇建设提供了资金来源，保证了村镇规划的实施；五是减少了农民建房费用的支出，增加了农业投入，促进了农业生产的发展。①另外，宅基地实行有偿使用后，农村集体经济组织取得宅基地使用权收益，增加了农村集体经济组织的财产，有助于农村公益设施和基础设施的建设。

为了减轻农民负担，1993 年 7 月中央办公厅、国务院办公厅发布了《关于涉及农民负担项目审核处理意见的通知》，取消农村宅基地有偿使用费、农村宅基地超占费和土地登记费在农村收取的部分等，农村村民申请宅基地使用权不需要交纳费用，只需

---

①　南路明、肖志岳：《中华人民共和国地产法律制度——土地制度改革及土地使用权出让转让》，中国法制出版社 1991 年版，第 219～220 页。

交纳相应的工本费即可，导致农村宅基地有偿使用制度被终止。但是，2009年国土资源部出台《关于促进农业稳定发展农民持续增收推动城乡统筹发展的若干意见》，要求各地在严格宅基地管理、依法保障宅基地用益物权的基础上，积极探索在集体经济组织内建立宅基地有偿使用制度，提高宅基地利用率。

目前，各地都在积极探索采取宅基地有偿使用的方法整治闲置宅基地、"空心村"。如山东的"收取租金"法，山东定陶县制定了《定陶县农村宅基地使用管理暂行规定》，对超占的土地原则上一律依法收回，由村委会统一安排使用。确实无法收回的，可维持现状，承包给户主，结合一年一度的土地证书年检，逐年收取租金。如河南省、河北省等地实行的"宅田挂钩"法，即将宅基地的使用和粮田、责任田结合起来进行管理，把超占的宅基地从过去无偿占用变为有偿占有，通过逐年提高收取承包费的标准，使超占户自愿交出多圈占的宅基地。[①] "空心村"的治理主要还是在规划，必须制定科学合理的村镇发展规划、村镇土地利用规划和村庄治理规划，加大村庄建设改造力度。按照合理布局、节约用地的原则，调整村庄布局结构，划定基本农田保护区、居民点建设区和旧村复垦还耕区，严格保护基本农田，提高土地利用的集约化程度。政府还应制定整治"空心村"的激励机制，推进农村集居化建设及闲置宅基地的合理流转。[②]

四、农房（宅基地）抵押模式

安徽省宣城市从1997年开始试点农村房屋产权登记制度改

---

① 张正河、卢向虎：《农村宅基地的整治与增值》，载《调研世界》2006年第1期。

② 杨遂全等：《"小产权房"处置与土地制度创新——以城乡房上联建权合法化为突破口》，法律出版社2013年版，第167～168页。

革，在农村房屋产权得以明晰后，农民可以自己的农房向银行担保贷款，农民融资能力大大提高。同时，金融部门也积极开展抵押贷款业务，2003～2007年共办理农房抵押贷款7700多起，抵押贷款额5亿多元。2006年6月，宣城市房管局对农民房屋抵押贷款用途和结构进行了分析，其中，种植业占10%，禽畜养殖业占15%，水产特产占10%，茶林特产占10%，农产品加工业占20%，农产品购销占20%，运输业占5%，服务业占4%，其他工业及服务业占6%。房屋抵押贷款融资，支持了一大批特色产业、特色市场的兴起，促进了农业发展、农民增收。贷款几乎全部用于经济发展，没有一笔流向生活消费或其他用途。[①] 2001年湖州市出台了《湖州市区农村农民房屋抵押登记办法》。根据这一办法，该市农民可以以具有合法产权的房屋（连同占地范围内的土地）作抵押，向农村信用社或开展农村信贷业务的商业银行申请贷款。按该办法规定，湖州市农民最高可申请房屋（连同土地）评估价70%的贷款。2009年莱芜市出台《集体土地房屋抵押贷款管理办法（试行）》，从2009年10月1日起，对依法取得权属证书的集体土地上的企业厂房、农村宅基地房、农村集中居住区房屋和农村临街商住房可以抵押贷款。[②]

2008年"5·12"地震后，为加快灾后农村住房重建，切实推进农村房屋流转，搞好农村房屋抵押登记工作，成都市房产管理局下发了《关于开展灾后农村自建房抵押登记工作的指导意见》

① 张先国、郭奔胜、王立武、葛如江：《农村房改的"宣城样本"》，载《瞭望》2008年第40期。转引自杨遂全等：《"小产权房"处置与土地制度创新——以城乡房上联建权合法化为突破口》，法律出版社2013年版，第173～174页.

② 杨遂全等：《"小产权房"处置与土地制度创新——以城乡房上联建权合法化为突破口》，法律出版社2013年版，第174页。

(成房发〔2008〕141 号),规定可以拟建房屋申请抵押权预告登记、以在建房屋申请在建工程抵押权登记、以已建成房屋申请抵押权登记三种类型,提交的要件为申请书、身份证明、抵押合同、借款合同、集体建设用地使用权证、乡村建设规划许可证等。该文件下发后,金融借款支持力度加强,灾后重建步伐明显加快。为推动农村房屋抵押登记工作的进一步实施,成都市人民政府办公厅转发《市政府金融办等部门关于成都市农村产权抵押融资总体方案及相关管理办法的通知》(成办发〔2009〕59 号),规定抵押人办理农村房屋抵押应同时具备以下条件:一是合法取得的《集体土地使用证》(使用权类型为集体建设用地使用权)和《房屋所有权证》,且征得本集体经济组织同意;二是承诺设定抵押的房屋在依法偿债后有适当的居住场所。同时还规定,抵押人办理土地性质为宅基地使用权的农村房屋抵押时,应将该房屋所占用范围内的宅基地使用权变更为集体建设用地使用权,向集体土地所有权人申请办理集体建设用地使用权的出让,承诺今后不再申请宅基地,并在国土资源管理部门办理集体建设用地使用权登记手续,办理集体建设用地使用权出让的土地价款,由农村集体经济组织按照集体建设用地使用权基准地价的一定比例合理确定。如果借款人无法正常偿还贷款的,抵押权人可与抵押人协商以抵押房屋拍卖或变卖所得的价款受偿,也可由农村房屋所在集体经济组织或者由农村产权抵押融资基金收购;协商不成的,抵押当事人可根据合同约定,向仲裁机构申请仲裁或者向人民法院提起诉讼,处置抵押的农村房屋时,本集体经济组织及其成员在同等条件下有优先购买权。该规定要求将宅基地使用权变更为集体建设用地使用权,并要求抵押人补交一定的土地价款,无疑加重了农民负担,因此,在实际操作过程中并未严格执行该规定。

2009 年成都市房产管理局下发了《成都市集体建设用地上房屋抵押登记(暂行)规定》(成房发〔2009〕202 号),规定村民的房屋可用于抵押,应当提交农村集体经济组织同意抵押的证明材料,删除宅基地使用权先行转为集体建设用地使用权的规定。自 2008 年成都市开展农村房屋抵押登记工作以来,截至 2009 年年底,除成都市中心 5 城区以外的 14 个郊区(市)县房管部门办理农村散居房屋抵押融资 8716 户(含灾后重建抵押),抵押面积 50.25 万平方米,融资金额 36,704.48 万元。①

从目前的情况来看,大部分农村房屋抵押贷款都由农村信用社参与,由于此项贷款具有金额小、成本高、利润低、风险大的特点,许多银行仍未介入此项工作。同时,农村房屋抵押的担保方式相对于其他信用担保方式,手续较多,费用较高,农民和信用社都不太情愿采用此方式。

2016 年 2 月中国农业银行发布了《中国农业银行农民住房财产权抵押贷款管理办法(试行)》,其中规定了贷款的条件,具体包括:(1)当地县级及以上政府允许开办此项业务,并已出台农民住房财产权抵押登记、处置流转等相关政策文件;(2)辖内农民住房和宅基地确权颁证率较高;(3)已建立农民住房产权交易平台,农民住房价值评估、抵押登记和处置流转机制健全;(4)农民住房抵押、转让在当地受司法实践保护,或采取政府背景的担保公司、风险补偿基金等措施增信。2016 年 3 月 25 日中国人民银行、中国银行业监督管理委员会、中国保险监督管理委员会、财政部、国土资源部、住房和城乡建设部印发了《农民住房财

① 《我市农村房屋抵押融资工作扎实推进》,载成都市房产管理局:《情况简报》第 45 期,2009 年 12 月 24 日。

产权抵押贷款试点暂行办法》,规定了抵押的条件、程序和抵押物的处置措施等,使农宅抵押有了明确的依据。

各地基于地方治理和社会发展等多项需求,已开展了各种宅基地的治理方式探索。这些治理模式并不是专门针对闲置宅基地出台的,但是这些政策在实行过程中,必然会涉及闲置宅基地的治理和处置。尤其是宅基地换房模式,对闲置宅基地的治理具有很大的意义。这些治理模式对于有效节约农村土地,促进城镇化快速发展有重要意义,但是也存在很多问题。正如学者所言:农民自愿、法律制度的健全和完善以及社会保障制度的跟进都应该被考虑。[①] 由于目前都处于试点,没有统一的法律规定予以规范,社会保障制度也不健全,因此出现了很多现实的困难。[②] 因此,在制定闲置宅基地治理措施时,要考虑我国复杂的现实情况和各地的经济社会发展水平,在统一的原则下进行全面系统的治理。

---

① 杨建军、阮丽芬:《农村宅基地置换模式比较与分析——以上海佘山镇、天津华明镇、重庆九龙坡区为例》,载《华中建筑》2011 年第 2 期。

② 黄涛珍、姜小青:《双置换对征地制度的变革》,载《贵州农业科学》2013 年第 6 期。

第四章　闲置宅基地治理的理论基础、可行性和基本原则

第一节　闲置宅基地治理的理论基础

一、产权理论

科斯在1937年《企业的性质》一文中，首次提出了产权的说法。但是，到现在关于产权的界定还是有很多不同观点。诺斯认为，产权本质上是一种排他性权利，[①]强调产权所具有的人与人的关系和产权的排他性，其重要性在于它们能帮助一个人在进行交易时形成它与其他人的合理预期。[②] 菲吕博腾、佩杰威齐认

① ［美］诺斯：《经济史中的结构与变迁》，陈郁等译，三联书店上海分店1991年版，第21页。

② ［美］科斯等：《财产权利与制度变迁——产权学派与新制度学派译文集》，刘守英等译，三联书店上海分店、上海人民出版社2004年版，第97页。

为,产权不是人与物之间的关系,是指由物的存在及关于它们的使用所引起的人们之间相互认可的行为关系。[①] 利贝卡普则认为:"产权是一种社会制度。这些制度界定或划定了个人对于某些特定的财产,如土地和水,所拥有的特权范围。"[②]通过上述定义可以看出,产权是一种人与人之间基于某种具有经济价值的物品所产生的一种权利集合体,包括所有权、占用权、使用权、收益权等在内的权利,而且这些权能可以分别为不同的主体所享有。同时,产权具有强烈的排他性,这种排他性是权利主体存在的基础,也是权利主体获得独立利益的基本条件。产权还具有有限性、可分割性和可交易性等特点。基于产权的上述特点,合理有效的产权制度可以减少土地资源浪费,使最稀缺的资源能够以最有效的方式进行配置。促使土地资源的可持续利用,也可以使土地产权产生的收益在不同主体之间合理划分,有助于收入分配的规范化。

农村宅基地作为一种重要的土地资源,具有稀缺性,由此决定了在城市化日益加快、土地资源有限发展的前提下,宅基地价值的不断上升。这种价值所带来的利益分配,就需要明确界定宅基地的产权。因此,"农村宅基地产权制度是基于农村宅基地的存在,围绕着宅基地的使用来界定人们在与宅基地有关的经济活动中如何受益或受损,以及如何进行交易和补偿的一组行为规则"。[③]

---

① [美]科斯等:《财产权利与制度变迁——产权学派与新制度学派译文集》,刘守英等译,三联书店上海分店、上海人民出版社2004年版,第204页。

② [美]利贝卡普:《产权的缔约分析》,陈宇东等译,中国社会科学出版社2001年版,第1页。

③ 王旭东:《中国农村宅基地制度研究》,中国建筑工业出版社2011年版,第31页。

但是,目前由于我国法律对宅基地权利的主体虚化,导致宅基地审批等权力的滥用,也导致部分宅基地的闲置。

根据我国土地管理法的规定,集体土地所有权的主体是农民集体,包括:(1)村农民集体;(2)乡(镇)农民集体;(3)农业集体经济组织内的农民集体。但农民集体的形式是什么?法律并未明确规定。另外,在实践中,当前多数地方农业合作社或农业集体经济组织已不存在,村级所有土地是所属村民小组所有土地的相加,乡(镇)土地是所属村级所有土地的相加。现在农村中除了为执行乡(镇)政府政策的村民委员会实际存在外,各种集体经济组织早已名存实亡,其也就不可能成为所有权主体。正是由于集体土地所有权主体立法上的模糊性与实践中的分离性,所以集体土地所有权的行使变得极为复杂,由此导致因主体不清而产生的一系列权利行使、宅基地乱占等问题出现。另外,在集体土地所有权的行使中,作为农民集体成员的农民参与机会少,农民缺位现象也使农村集体土地所有权的行使有名无实。因此,合理的产权关系界定及其利益分配机制的设置,能够提高宅基地产权实行的效率,也能为我国闲置宅基地的治理提供良好的制度支撑。

二、生存权与土地发展权理论

生存作为人的一种本能愿望,是随着人类的出现而同时产生的。但是,在早期的原始社会,人们并没有生存权的概念,而仅有一种对个体生命存在和延续的渴望。在人们的观念中,这种使个体存在和生命延续的唯一保障就是财产。于是,出现了对财富的贪图欲望和种种获取、控制财富的手段,出现了私有制和阶级的划分,使一部分人沦为财产的奴隶,而另一部分人则成为财产的主人,任意聚敛大量财富并肆意挥霍,甚至将成为财产奴隶的那一部分人当作财产任意处置。在这一时期,根本谈不上人的任何权利。随着中世纪的到来和文艺复兴与宗教改革的出现,许多思想家以自然法为基础论证人的种种权利诉求,“人人生而平等”的理念也得以被宣扬和认同,为人的正当的生存和财产权利诉求提供了坚实的思想基础。启蒙思想家们都强调和论述了人的自然权利和对私有财产的尊重,为后来生存权的出现和发展提供了理论支撑。1886 年奥地利法学家安东·门格尔首次提出生存权的法概念,指出生存权是经济基本权的基础。在人的所有欲望中,生存的欲望具有优先地位。在 1919 年德国《魏玛宪法》中,生存权在法律上得以正式承认。第二次世界大战后,大多数国家都在宪法中规定了生存权的相关内容,对生存权予以法律保障,从而使生存权成为第二代人权的核心,取代了第一代人权中自由权作为核心的地位。受到国际社会的普遍承认,也被联合国《世界人权宣言》《公民权利和政治权利国际公约》《经济、社会、文化权利国际公约》所确认。

生存权作为第二代人权的核心虽然已为世界所公认,但是,对其定义却并未统一。有人认为,“生存权作为法律概念通常不仅是指人的生命不受非法剥夺的权利,而且包括每一个生命得以延续的权利。据此,生存权包括两方面的内容:一方面是生命权,即人的生命非经法律程序不得受到任何伤害和剥夺……另一方面是生命延续权,即人作为人应当具备基本的生存条件”。① 而有人认为,生存权是指“社会承认并保障每个成员的生命安全、人身自由、人格尊严的尊重及获得维持生命、过正常社会生活所不

① 王启富、刘金国主编:《人权问题的法理学研究》,中国政法大学出版社 2003 年版,第 186 ~ 187 页。

可缺少的基本的物质和精神生活条件和行为能力”。[①] 笔者认为,生存权作为第二代人权的核心,应该包括生命权和财产权。因为生命是人得以存在于世的首要条件,是人类其他一切活动的起点,若没有生命作为前提和基础,其他的各种权利也就无法存在和实现。但是,人仅有生命是不行的,若没有尊严和自由,其生命也仅仅是一具肉体而已。所以,在强调尊重人的生命的同时,也要尊重人的尊严和自由。另外,财产权又是保障人在社会生活中得以发展和获得幸福的前提,是生存权得以实现的物质条件。没有财产,人的人格就会受到贬损,各种其他权利的实现也会受到制约。因此,生命权和财产权是生存权得以存在和发展的基础,也是生存权的主要内容。生命支撑着人去获取财产进而获得尊严、自由、发展和进步;而财产又反过来使人的生命更加有价值和意义。

与生存权作为人权的价值一样,发展权已经成为第三代人权的核心。联合国《发展权利宣言》明确规定,发展权是一项不可剥夺的人权,其中就包括作为基本财产权利的土地发展权。学者认为,土地发展权是一种可以与土地所有权相分离的一种独立的财产权。[②] 目前,由于我国的特殊国情,应该将土地发展权收归国有,然后设立农地发展权制度,从而有利于解决现阶段人地矛盾,实现保障农地落实政府用途管制及规划的需要。[③] 胡兰玲教授认为,土地发展权这种新的权利类型,是随着城市化的出现,人

---

① 陈志尚:《从马克思主义看人权的哲学基础》,载白桂梅主编:《国际人权与发展——中国和加拿大的视角》,法律出版社 1998 年版,第 8 页。

② 梁慧星主编:《中国物权法研究》,法律出版社 1998 年版,第 359 页。

③ 江平主编:《中国土地立法研究》,中国政法大学出版社 1999 年版,第 384 ~ 387 页。

类通过各种技术手段提高对土地的利用水平而产生的，认为土地发展权是对土地在充分利用的基础上，通过合理的规划进行再发展的权利，包括土地的空间建筑权和土地的开发权。①

农村宅基地作为具有保障功能和福利功能的财产权利，长期以来对我国农民生存权的保障起到了至关重要的作用。但是，随着经济发展水平和农民自我意识的不断提高，农民逐渐认识到作为基本生活保障的宅基地作为其最重要的财产，可以通过更加有效的产权配置和利用为其带来更多的利益。在满足了基本生存权的需要之后，更多地开始考虑宅基地作为土地的发展权利。农民希望通过宅基地的流转等方式获得更多的现实收益，而不仅停留在对其基本生存权保障的层面。但是，从我国宅基地管理和治理的实践来看，目前基本上是单向流转，即宅基地的合法流转只能是通过政府的征收，而不能由农民自己进行直接的交易。政府在获得农民的宅基地之后，通过市场交易实现宅基地价值更大的增值和发展，获得超额的利润。而且，由于目前我国法律对土地发展权利的规定缺失，土地发展权实际上成为政府土地财政的主要来源。这个过程实质上是政府通过对宅基地的征收剥夺了农民宅基地作为土地的发展权，损害了农民的利益。

三、效率与公平理论

效率与公平理论既是法学的重要命题，也是经济学的核心问题。在法的价值体系中，公平是居于首位的。罗马法学家赛尔苏斯曾说，法律是善良和公正的艺术。古罗马五大法学家之一的乌尔比安也曾说，正义是给予每个人他应得部分的这种坚定而恒久的愿望。这种给予每个人应得的公平理念成为现代法律的主要

① 胡兰玲:《土地发展权论》，载《河北法学》2002 年第 2 期。

价值追求之一。经济学的公平则强调重要资源的公平分配问题。但是,无论是法学上的公平价值还是经济学上的公平理论,都包含了机会公平和结果公平。机会公平就是要求参与市场交易的每个主体都能够合理地通过市场的资源配置和程序,享有平等的参与和发展机会。结果公平则是基于对个体差异的认可,是对处于社会弱势地位的人,通过社会再分配的方式来实现他们利益。无论是机会平等还是结果平等,都需要政府通过合理的制度设计来实现。效率就是以最低的成本来获取最大的收益,是参与主体能够实现利益的最大化。因此,在实现市场经济条件下市场主体利益时,要兼顾公平和效率。

农村宅基地是国家通过制度设计给予农民的一种身份福利,严格限制在本集体经济组织成员之间进行分配和流转。但是,随着社会经济发展和城市一体化进程加快,限制农村宅基地的利益实现已经不能满足当前经济发展的需要,也不符合农民自身利益的要求。一方面,宅基地财产价值的实现既可以增加城市土地供应,满足城市发展需求,实现城乡之间土地资源的有效配置;另一方面,也可以提高农村宅基地资源的使用效率,增加农民收入,实现农民的财产权利。所以,宅基地治理也是一个兼顾公平和效率的问题。在这个过程中,要考虑作为国家土地管理者的政府、作为宅基地所有权人的集体经济组织,更要考虑作为宅基地使用权主体的农民,通过合理的利益分配机制,在提高效率的同时兼顾公平。不能牺牲公平来实现效率,也不能为了公平而不顾效率。只考虑宅基地治理的效率问题,不关注利益实现的公平问题,可能会加大宅基地治理的现实阻力,激发各种矛盾,影响社会稳定。反过来,如果只考虑公平而没有提高宅基地治理的效率,那么对任何参与者的利益都会有影响,只能维持在原有的福利性公平之上，无法实现高效的资源配置。国务院发布的《深化农村改革综合性实施方案》也提到，在进行改革时要统筹考虑公平和效率的问题。

四、城乡统筹发展理论

经过改革开放40多年的快速发展，我国已经逐步进入小康社会。但是，由于长期存在的城乡二元体制，工业化快于城镇化，城镇化水平又快于农业现代化，使“三农”问题成为制约我国经济社会发展的主要因素。2005年的中央一号文件首次提出“工业反哺农业、城市支持农村”的说法，是开始改善工农、城乡关系的重要基础。党的十六大报告中提出要统筹城乡经济社会发展，指出要用城乡统筹的眼光解决中国的农业、农村和农民问题。党的十七大提出实现全面建设小康社会的奋斗目标和建设生产发展、生活宽裕、乡风文明、村容整洁、管理民主的社会主义新农村要求。党的十七大和十八届三中全会都强调要提出逐步建立城乡统一的建设用地市场，对依法取得的农村集体经营性建设用地，必须通过统一、有形的土地市场，以公开、规范的方式转让土地使用权，在符合规划的前提下，与国有土地享有平等权益。2015年国务院发布的《深化农村改革综合性实施方案》再次强调，城乡发展一体化是解决我国“三农”问题的根本途径，必须坚持工业反哺农业、城市支持农村的基本方针，协调推进城镇化和新农村建设，加快形成以工促农、以城带乡、工农互惠、城乡一体的新型工农城乡关系，努力缩小城乡发展差距。通过完善城乡发展一体化的规划体制、完善农村基础设施建设投入和建管机制、推进形成城乡基本公共服务均等化的体制机制、加快推进户籍制度改革、完善城乡劳动者平等就业制度等，实现城乡一体化的统筹发展。

从土地利用的角度来看,实现城乡统筹和一体发展要建立城乡一体的土地市场,使农村集体建设用地与城市国有建设用地在统一的土地供给需求市场下,建立统一的土地价格体系。并且,在统一的市场竞争机制作用下,实现城乡土地最充分有效的利用。在城市化发展用地需求不断增加的情况下,对闲置宅基地的治理将有助于缓解这种压力。此外,在城市发展用地的经济效益相比宅基地闲置使用或居住使用效益高的情况下,必然会引起宅基地使用用途发生转变,转以供给城市建设需要。相比原有宅基地利用来说,土地上的经济效益明显提高,使宅基地利用集约化程度提高。宅基地集约利用增加了城市建设用地的供给,为城市经济进一步聚集提供了保障,同时,城市经济聚集又产生新的土地利用需求,对宅基地进一步集约利用形成一种拉动,这样循环累积作用,使宅基地集约利用程度不断提高。[①] 因此,闲置宅基地的治理也是城乡统筹发展的必然要求。

第二节　闲置宅基地治理的必要性和可行性分析

一、闲置宅基地治理的必要性

随着我国新农村建设和城镇化的推进,城乡一体化发展的不断加快,我国农村社会已经进入了巨大的社会转型时期并持续推进。农村宅基地也逐渐失去其原有的社会经济基础,使大量宅基地被闲置和浪费。因此,科学系统地对闲置宅基地进行全面治

① 罗瑞芳:《城市化背景下农村宅基地集约利用机制研究》,南开大学2010年博士学位论文,第66页。

理,提高土地利用效率,是农村社会发展的必然要求和推进城乡一体化发展的必然选择,也是保护农民利益和实现农民诉求的有效途径。

(一)促进土地节约保护的需要

我国幅员辽阔,有广阔的土地面积,但是,我国土地资源绝对数量大,人均相对数量小。我国耕地、森林和草原面积的绝对数量在世界上都名列前茅,但按人口平均的土地资源数量都低于世界平均水平,其中人均土地占有量相当于世界人均水平的30%,人均耕地仅相当于世界人均耕地水平的27%。而且,土地资源的地域差异显著,山地多,平地少,分布具有固定性。随着人口的增长和城市事业的发展,土地资源不足的问题愈加尖锐。同时,我国土地后备资源有限,导致土地存在极大困难。因此,对土地资源必须坚持利用和治理保护相结合,珍惜每一寸土地将是我国长期坚持的国策。为此,国土资源部于2014年5月和9月分别发布了《节约集约利用土地规定》和《推进土地节约集约利用的指导意见》,强调必须坚持最严格的节约用地制度,不断优化用地布局,加强内涵挖掘,盘活土地存量的空间,消化利用闲置和低效土地。从我国目前农村宅基地管理的现状来看,我国农村宅基地闲置现象十分普遍,“空心村”多有出现,使农村宅基地利用率偏低,土地资源被严重浪费,无法实现土地资源最大化利用的有效配置和基本要求。根据国土资源部发布的数据,我国目前的宅基地建设用地达到2.4亿亩,但是这些宅基地建设用地并没有完全被有效利用。通过上面的调研和分析可知,有大约10%的宅基地是闲置的,也就是大约有2400万亩宅基地是没有被有效利用的。通过对农村闲置宅基地进行治理,不仅可以提高土地利用效率,减少农村土地资源浪费,而且能够使土地资源得到最优化的配置。

（二）增加农民财产收益的需要

1. 增加农村财产收益是中央的要求

2013年党的十八届三中全会指出，赋予农民更多财产权利。保障农民集体经济组织成员权利，积极发展农民股份合作，赋予农民对集体资产股份占有、收益、有偿退出及抵押、担保、继承的权利。保障农户宅基地用益物权，改革完善农村宅基地制度，选择若干试点，慎重稳妥推进农民住房财产权抵押、担保、转让，探索农民增加财产性收入渠道。建立农村产权流转交易市场，推动农村产权流转交易公开、公正、规范运行。2015年公布的《深化农村改革综合性实施方案》提出了宅基地制度改革的基本思路。2015年12月全国人大常委会授权在天津市蓟县等59个试点县（市、区）行政区域暂时调整实施我国《物权法》《担保法》关于集体所有的宅基地使用权不得抵押的规定。这也意味着，在这些试点地方，宅基地可以通过抵押等方式进行流转。但是，这项规定的实施有时间限制，即在2017年12月31日前试行。全国人大常委会的决定同时强调，暂时调整实施有关法律规定，必须坚守三个底线：一是土地公有制性质不改变；二是耕地红线不突破；三是农民利益不受损。同时，也要坚持从实际出发，因地制宜进行改革试点。因此，开展闲置宅基地治理是增加农民财产需要，也是落实党中央决策的重要步骤。

2. 增加农民收益是农民的现实需要

根据国家统计局发布的数据，2014年我国城镇居民人均可支配收入为29,381元，农村居民人均可支配收入为9892元，城乡人均可支配收入比为2.97∶1，城乡收入差距明显。[①] 造成这种差距的主要原因是农民收入结构不合理，缺乏更多的渠道创收。“中国农村之所以贫困，就是两项要素还没有进入流通：其中之一就是土地。如果不保障流通中的自由权就等于没有财产权本身。”[②]对于农民来讲，宅基地使用权作为极其重要的一项基本权利，无法直接实现财产权益。我国《土地管理法》第62条规定了农村村民出卖、出租住房再申请的不予批准。国务院《关于深化改革严格土地管理的决定》和国土资源部《关于加强农村宅基地管理的意见》中，也规定严禁城镇居民在农村购置宅基地，宅基地的转让只限制在本集体经济组织成员内部，宅基地不得单独转让等。

这些关于宅基地使用权的限制规定，在很大程度上确保了农村土地关系的稳定，不仅关系农民的基本生活和命运，而且关系农村社会的稳定和国家的长治久安，以及经济社会的协调发展。但是，随着农村人口的流动，大量农民工进城务工，导致了农村大量耕地、房屋和宅基地的闲置。另外，随着新农村建设和城镇化进程的加快，大量城市人口开始涌向农村，在农村生活和从事其他业务，但是，这些城市人口又不能获得宅基地和承包地，只能通过租赁或者其他方式来利用。而笔者从调研中发现，农民也非常渴望闲置的宅基地能够被充分利用，为他们带来现实的收益。

（三）维护农村社会稳定发展

作为传统的农业大国，“三农”问题一直是我国农村发展的

---

① 参见《中国统计年鉴》(2015年)，载http://www.stats.gov.cn/tjsj/ndsj/2015/indexch.htm，最后访问日期：2016年3月1日。

② 江平：《私有财产权的保护》，载《中国司法》2004年第7期。

"瓶颈"。每年中央一号文件都会对我国"三农"问题作出新的布局和指导。农业是农村发展的经济基础,农民则是农村发展的主体,而农村的社会稳定则是农业发展和农民利益实现的安全保障。但是,作为农村占用比例最高的宅基地却被大量闲置。2014年国土资源部对全国31个省份11,801个村庄内部土地利用情况进行了抽样调查汇总。汇总结果显示,村庄内部用地中农村宅基地面积占比最高,约占村庄建设用地的62.9%;而公共管理与公共服务用地的占比较低,其占比还不到全国城镇水平的1/4。这反映出我国当前农村社区服务等方面还有很大的提升空间。因此,宅基地治理是维护农村社会稳定发展的需要。

1. 改善农村居住环境的现实需要

由于长期受到城乡二元体制发展的影响,我国城乡发展水平不一,而且极不平衡,农村仍然比城市落后很多。主要表现为环境脏乱差和建设与发展无序,使城乡差距更明显和突出。改善农村社会面貌,提高农民居住生活环境,就要从农村自身开始。大量闲置宅基地的存在,不仅造成土地的浪费,还影响农村生活环境的整洁、卫生和安全。由于很多闲置的宅基地无人管理,杂草丛生,杂物、垃圾都被胡乱丢弃,卫生状况非常差。再加上围墙或者房屋年久失修,有的已经倒塌,影响农民通行和生活安全。为此,中央提出要建设社会主义新农村,基本要求是"生产发展、生活宽裕、乡风文明、村容整洁、管理民主"。闲置宅基地的治理既可以实现土地节约利用,也能够有效改善农村生活环境。

2. 有效预防和处理农村纠纷的需要

随着我国市场经济的不断发展和城镇化的推行,农村宅基地的经济价值不断提升,尤其是城区近郊的农村宅基地日益增值,由此引发的宅基地纠纷也不断增加。2014年最高人民法院受理宅基地纠纷案件2239件，而且，大部分宅基地纠纷案件都是由于权属不清诉至法院的。之所以要求进行权属确认，有一部分是由于宅基地闲置。由于原来不允许宅基地对本集体经济组织以外的人流转，导致宅基地的交易价值为零，所以很多人放弃了宅基地。但是，随着城镇化建设所带来的土地征收利益，很多人开始重新回农村要求确认宅基地的权属，由此引发很多宅基地权属纠纷。因此，有效地对闲置宅基地进行确权以及治理，可以预防和处理由此引发的各种纠纷，维护农村社会的稳定。

二、闲置宅基地治理的可行性

闲置宅基地的治理不仅是必要的，而且是可行的。这种可行性是建立在国家、地方和农民三个层面的基础支撑之上的。具备国家法律政策层面的制度支持、地方政府的积极实践、农民要求治理的强烈意愿，才能实现农村闲置宅基地的有效治理。

（一）国家层面的制度支持

通过梳理国家层面关于闲置宅基地的相关法律和规定可以看出，努力集约节约用地，坚守耕地红线，统筹城乡土地资源已经是大势所趋，也是顺应市场经济发展和解决“三农”问题的必然要求。

我国《土地管理法》强调的“一户一宅”是我国农村宅基地利用和管理的基础，也是对“一户多宅”和闲置宅基地进行清理的主要法律依据。我国《城乡规划法》所强调的村庄规划是闲置宅基地治理的有效保障。国土资源部所发布的《闲置土地处置办法》《关于加强农村宅基地管理的意见》等部门规章都为闲置宅基地治理提供了制度支持。2015年12月全国人大常委会授权国务院在天津市蓟县等59个试点县（市、区）行政区域暂时调整实施《物权法》《担保法》关于集体所有的宅基地使用权不得抵押的规定。上述调整在2017年12月31日前试行。党的十八届三中全会的决定和中共中央、国务院下发的《深化农村改革综合性实施方案》都明确了要进行农村宅基地改革，包括对闲置宅基地治理措施的试点。国土资源部也专门发布《关于加强农村宅基地管理的意见》《关于进一步完善农村宅基地管理制度切实维护农民权益的通知》等文件，要求对农村闲置宅基地进行治理。这些法律法规和政策为闲置宅基地治理提供了足够的制度支持。

（二）地方政府的积极实践

虽然国家法律和政策能够提供相应的制度支持，但是，基于农村闲置宅基地日益增多的现实和不断增加的"空心村"数量，以及农村闲置宅基地所带来的社会弊端和危害，很多地方已经开始了闲置宅基地的改革实践探索。比如，前面提到的上海模式、嘉兴模式、成都模式、重庆模式和天津模式，尽管这些模式并不专门针对闲置宅基地，但是，在这些地方出台的文件中都提到了对闲置宅基地的治理措施，在具体操作过程中也会对闲置宅基地的治理起到带动和一体解决的作用，可以为其他不具备实行这些模式的地方提供有益经验。这些模式有一个共同点，即大胆突破了现有法律法规的制度框架和约束，积极探索农村土地集约和节约利用，保持了耕地的占补平衡，坚守了耕地红线，有利于统筹城乡发展和实现农民财产利益。

除了这些地方的积极实践能够为闲置宅基地治理提供有益经验之外，广西壮族自治区和浙江省淳安县还专门出台了闲置宅基地治理的文件，这些文件不仅对闲置宅基地的基本概念作了明确的规定，还对闲置宅基地的主要类型、治理措施、保障措施作了非常详细的规定，确保了该地区闲置宅基地的有效治理，也为其他地方，甚至国家层面出台相应的规范性文件提供了有益参考。

(三)农民主体的强烈意愿

闲置宅基地治理不仅要有国家层面的制度支持和地方的实践经验,更要尊重作为宅基地主体的农民意愿。这也是我们进行闲置宅基地治理最主要的原则和底线。农村宅基地和承包地作为农民安身立命的根本,要进行相应的改革或者治理必须要尊重农民的意愿。即便是农民因为各种关于宅基地的制度不完善或者其他原因导致宅基地闲置,如果未经过法定程序消灭,其宅基地和宅基地使用权仍然存在。因此,必须尊重作为宅基地主人的农民主体地位。从实践调研的情况来看,广大农民也希望能够通过宅基地的治理来实现其财产权利,增加其利益。如果作为重要财产的宅基地不能给农民带来实际利益,那么,农民宁可任其闲置。但是,要是能通过合理的制度设计来使闲置的宅基地由“死产”变为“活产”,那么农民还是很愿意配合治理。所以,通过合理有效的治理措施治理闲置宅基地时,要充分尊重农民的主体地位,从维护和实现农民利益的角度出发,制定相应的措施才能取得更好的效果。

第三节　闲置宅基地治理的基本法律原则

农村闲置宅基地治理是一项系统工程,既涉及农民、集体和国家等多方利益,也涉及农村稳定、土地利用等各个方面。尽管由于我国农村实际情况千差万别,各地经济发展水平不一,存在很多制约因素,但是从我国努力推进城镇化和城乡一体发展的角度来看,必须坚持基本的治理原则。

一、明晰产权，保障农民权益

党的十八届三中全会提出，要“构建新型农业经营体系，赋予农民更多财产性权利”。对于农民来说，最重要的财产性权利就是土地，而土地权利的实现需要明晰的产权。“中国近60年农村发展的实践证明，什么时候土地产权明晰，农村就发展；土地产权不明晰，农村发展就受阻。”[①]明晰的土地产权一方面可以明确权利主体，做到权责统一；另一方面也可以减少纠纷，降低因产权争议导致的各种成本。因此，应该加快完成农村宅基地的确权和发证工作，建立宅基地统一登记制度，更好地落实物权法规定，摸清现有宅基地的基本情况，了解闲置宅基地的比例，为后续治理闲置宅基地提供基础和前提。因此，应尽快结合不动产统一登记制度完成农村土地和房屋等不动产的确权登记和发证工作，使农民能够明确自己的权利范围，同时也可以使流转双方依据确权结果和土地权利证书进行土地流转的交易，而不再依据熟人的记忆或者以前的历史记载，防止由于土地权属不清产生的各种纠纷。

由于历史和现实等各种因素，目前，在宅基地确权过程中存在很多问题，如历史遗留问题较多、权属关系混乱等。针对这些问题，2010年国务院《关于加大统筹城乡发展力度进一步夯实农业农村发展基础的若干意见》（中发〔2010〕1号）提出要加快土地确权登记工作。这是中央统筹城乡一体发展、促进农村社会和谐稳定和硬化地权的重大决策，对保障农民土地权利和利益实现、有效解决农村土地纠纷等有重大意义。2011年为贯彻落实这一决策，国土资源部、中央农村工作领导小组办公室、财政部、

① 吴越等：《农村集体土地流转与农民土地权益保障的制度选择》，法律出版社2012年版，第235页。

农业部联合下发《关于农村集体土地确权登记发证的若干意见》(国土资发〔2011〕178 号),作为农村集体土地确权的具体指导,对土地确权中出现的各种问题作了更加明确和详细的规定,同时要求各地尽快完成确权工作。2013 年中共中央、国务院《关于加快发展现代农业 进一步增强农村发展活力的若干意见》中又再次强调产权制度的重要性。2015 年 3 月 1 日生效的《不动产登记暂行条例》则规定宅基地使用权的登记适用不动产登记,将在以后统一颁发《不动产权证书》。

在闲置宅基地确权过程中,要坚持遵循以下原则:第一,尊重历史,面对现实的原则;第二,依法依规有序登记的原则;第三,最大限度保护农民合法权益的原则;第四,坚持遵循"主体平等"和"村民自治"的原则。[①] 充分调动农民的积极性,严格遵循法定程序,采取公开、公平、公正的工作方式,使宅基地确权能够真正体现权利的归属,使确权证书真正能够"确实权、颁铁证",成为"丹书铁券",成为农民维护自身利益的有力武器。

二、因地制宜,实施耕地保护和用途管制

基于我国农村宅基地情况的复杂多样性,在对闲置宅基地进行治理时,要考虑到各地实际的经济社会发展状况和因地制宜,运用先进科学的技术手段进行全面的调查研究,找到真正符合中国农村实际的、可行的治理措施和方法,提高农村土地利用效率,切不可走形式主义的生搬硬套的道路而不顾各地的实际情况。比如,对于城市近郊的闲置宅基地和远郊的闲置宅基地就不能采取同样的治理措施。

---

① 于建嵘、石凤友:《关于当前我国农村土地确权的几个重要问题》,载《东南学术》2012 年第 4 期。

在因地制宜治理闲置宅基地的情况下，也要严格遵守我国的耕地保护政策和土地用途管制制度，不能因为治理闲置宅基地而牺牲我国耕地保护的基本国策。我国《土地管理法》第4条规定国家实行土地用途管制制度，严格限制农用地转为建设用地。2014年2月国土资源部下发了《关于强化管控落实最严格耕地保护制度的通知》(国土资发〔2014〕18号)，提出要严格确保耕地。2016年3月5日李克强总理在政府工作报告中也指出，2016年要全面完成永久基本农田划定并实行特殊保护，加强高标准农田建设。因此，在坚守耕地保护和用途管制的前提下，可以因地制宜地对闲置宅基地进行综合治理。

在闲置宅基地治理过程中，要注意以下三种改变土地用途的行为：一是宅基地占用耕地的情形，这在农村实践中大量存在。对于这种占用耕地进行宅基地建设的行为，应该予以严格清退，确保行为人退还耕地。二是利用宅基地进行其他经营性生产活动或者变为建设用地，用以建房出租甚至出售，使宅基地的住宅属性发生变化。三是在实行宅基地退出或者置换房屋的情况下，腾出的闲置宅基地，原则上仍然用于集体建设用地，不改变土地用途。如果要变更为其他性质的用地，必须严格按照法律程序完成变更手续。

三、公众参与，农民成为改革的主体

公众参与是指在社会分层、公众需求多样化、多元利益集团介入的情况下采取的一种协调对策，以保证规划行为更科学与民主，使规划决策更能符合实际情况和切实体现公众的利益需求，并确保规划工作的顺利实施。[①] 该思想最早起源于美国。其后，荷兰、德国成为公众参与理念的积极推行者和实践者。德国《土地整理法》明确规定了土地整理的基本步骤和要求，包括参与土地整理的公众来源和主要组织，对这些主体参与土地整治的主要模式和步骤作了具体规定。同时，要求对于土地整理的立项、权利归属的调整方案、土地的评估价格以及最终的整理方案等都要面向社会进行公告，征求“利益攸关者”的意见，以保证其合理性和合法性。[②] 荷兰在公众参与的推行上也是非常积极，通过公众参与的实行，使荷兰土地整理的利益关系更加明确。主要步骤包括：(1)土地整理是一个公众参与和各方协商的最终结果；(2)土地收益的增值分配是以土地整理前的土地价值为计算依据的；(3)土地整理委员会的组成必须有两类人，一是项目区土地的所有者，二是土地使用者的代表，且代表人数占总人数的50%以上。[③]

引入公众参与进行闲置宅基地的治理，一是可以了解参与村庄规划和建设的各个主体和阶层的利益诉求，在进行规划的目标选择和决策中，能更加符合实际情况和客观公正。二是能够更有针对性地解决实际问题，可以在现有的经济能力内进行方案设计，有效防止出现不顾当地财力、超越集体经济组织和农民的承受能力的规划方案，有利于规划的实施。三是公众参与村庄规划决策，以满足农民的实际需要为前提和目的，公众参与可以防止

① 吕斌等：《公众参与架构下的新农村规划决策——以北京市房山区石楼镇夏村村庄规划为例》，载《城市发展研究》2006年第3期。

② 张国斌：《德国土地整理给我们的启迪》，载《浙江国土资源》2008年第8期。

③ 蒲春玲、吴郁玲、金晶：《国外土地整理实施经验对新疆土地整理的启示》，载《农村经济》2004年第2期。

社会主义新农村建设中不切实际的大拆大建和盲目照抄照搬城镇建设模式的弊端。四是随着社会进步、民主意识的觉醒，村民们更加追求自我价值的实现，其中包括对社会公众事务的参与权、知情权和决策权等权利的行使。[①] 如前所述，农村宅基地闲置的一个原因就是没有规划，管理不到位。因此，应该引入公众参与理念，让农民自己参与到村庄最主要活动过程中，让农民成为自己利益的最佳判断者，不再由政府主导，真正体现村民自治，了解他们对闲置宅基地的态度和处理办法。

农民参与闲置宅基地的处理，应该首先针对所规划村庄进行闲置宅基地的清理和分类，然后再进行公众参与者的选择、准备工作、公众意愿的收集和处理、提出初步方案、方案的审查和完善、最优方案的提出、成果展示和修改以及方案的公示与实施等步骤。[②] 通过优化方案，使农民能够获得参与感，成为闲置宅基地治理真正的主人和主体，最大限度保障农民自身的利益。

四、规划先行，严格落实执行

村庄规划属于我国土地利用规划的一部分。我国《土地管理法》明确规定，国家实行土地利用总体规划。其中，第 17 条规定：各级人民政府应当依据国民经济和社会发展规划、国土整治和资源环境保护的要求、土地供给能力以及各项建设对土地的需求，组织编制土地利用总体规划。该法第 62 条第 2 款规定：农村村民建住宅，应当符合乡(镇)土地利用总体规划，并尽量使用原有的宅基地和村内空闲地。我国《城乡规划法》规定了规划的类

① 吕斌等：《公众参与架构下的新农村规划决策——以北京市房山区石楼镇夏村村庄规划为例》，载《城市发展研究》2006 年第 3 期。

② 易舟、段建南：《公众参与农村闲置宅基地整理的研究综述》，载《农业科技管理》2012 年第 3 期。

型、范围和具体实施步骤。根据国务院《村庄和集镇规划建设管理条例》,村庄规划分为村庄总体规划和村庄建设规划两个阶段进行。2006年中共中央、国务院《关于推进社会主义新农村建设的若干意见》,是2004年以来中国连续第三个以"三农"为主题的中央一号文件。文件指出村庄规划属于各级政府的工作范畴,集合资金开展村庄治理试点。2015年中共中央办公厅、国务院办公厅印发了《深化农村改革综合性实施方案》,第17条强调要完善城乡发展一体化的规划体制。

因此,合理科学的村庄规划是我国一贯坚持的制度,是农村土地资源节约利用的前提和保障,也是有效避免闲置宅基地出现的一项重要规定,可以防止农村发展的随意性。乡(镇)土地利用总体规划和村镇规划是严格控制宅基地标准、合理划定功能区的前提,是管理农村宅基地的基础。通过合理制定并严格执行村镇规划,充分发挥规划的引导和控制作用,能够逐步盘活农村闲置宅基地。[①] 在闲置宅基地的治理过程中,应该坚持落实我国《土地管理法》《城乡规划法》和相关文件的要求,合理科学地制定符合农村实际情况的规划,不仅要着眼当下的近期规划,还要有长远的发展目光,使村庄能够可持续发展。

---

① 杜涛、马慧兰:《村镇规划:盘活农村闲置宅基地的途径选择》,载《广东土地科学》2008年第6期。

第五章　闲置宅基地流转的现状及未来

第一节　闲置宅基地流转的现状

一、关于宅基地流转的立法考察

我国的宅基地制度最早开始于1956年的高级农业合作社，20世纪60年代初步形成框架，并逐渐开始限制流转，直到2015年才开始宅基地流转的试点。我国关于宅基地流转的法律可以随着宅基地制度的演变分为三个时期。

（一）农民所有，自由流转时期（1950～1962年）

中华人民共和国成立后，中央人民政府在1950年正式颁布《土地改革法》，该法第1条提出要废除地主阶级封建剥削的土地所有制，实行农民的土地所有制。该法第 30 条规定:“土地改革完成后,由人民政府发给土地所有证,并承认一切土地所有者自由经营、买卖及出租其土地的权利……”根据这一规定,在全国范围内开展了轰轰烈烈的土地改革运动,将原来属于大地主的土地予以没收,然后分配给无地的农民。比如,1952 年北京郊区完成了房地产登记发证,向农民颁发了《北京市郊区土地房产所有证》,证书写明耕地、房产及地基的方位、面积、数量,明确为该户全家私有产业。[①] 到了 1953 年春,全国土改基本完成。农民的土地权利再次得到了宪法的确认。1954 年《宪法》第 8 条第 1 款规定:“国家依照法律保护农民的土地所有权和其他生产资料所有权。”第 11 条规定:“国家保护公民的合法收入、储蓄、房屋和各种生活资料的所有权。”第 12 条规定:“国家依照法律保护公民的私有财产的继承权。”

虽然,这一时期没有专门关于宅基地的立法,但是可以看出农民在这一时期可以对宅基地买卖、出典、出租、赠与、继承,享有最为充分和完全的所有权和使用权等各项权利。而且,这些基本权利都受到我国《宪法》的保护,充分体现了宅基地的所有权属性。

(二)集体所有,限制流转时期(1962~2015 年)

1962 年 9 月党的八届十中全会通过的《农村人民公社工作条例修正草案》(以下简称人民公社六十条)第一次肯定了农村土地集体所有制,同时对农村宅基地所有权作出了明确的规定:生产队所有的土地,包括社员的自留地、自留山、宅基地等一律不

---

① 赵树枫等编著:《农村宅基地制度与城乡一体化》,中国经济出版社 2015 年版,第 19 页。

准买卖和出租。但是,社员的房屋归社员所有,社员有买卖和出租的权利。1963 年中共中央发布的《关于对社员宅基地问题作一些补充规定的通知》进一步明确了农民对宅基地只有使用权,没有所有权,同时对宅基地使用权的取得、行使作了较为详细的规定,从而确立了宅基地的使用权制度。

1981 年 4 月国务院发布了《关于制止农村建房侵占耕地的紧急通知》。随后的 1982 年 2 月,国务院又颁布了《村镇建房用地管理条例》,以法规的形式明确了农民获得宅基地使用权必须经过政府审批。社员对宅基地、自留山、自留地、饲料地和承包的土地只有按照规定用途使用的权利,而没有所有的权利,明确规定了出租、出卖房屋的,不得再申请宅基地。随着 1986 年的《土地管理法》的颁发和国家土地管理局的成立,国家才真正开始了农村宅基地使用进行统一有效管理,结束了农村宅基地使用无秩序局面。1998 年修订的我国《土地管理法》第 62 条对宅基地的问题又作出了相应规定。这是当时在法律上对宅基地制度最权威和效力最高的规定,也是我国目前对宅基地进行管理和使用权规制的主要法律依据。

1995 年我国《担保法》第 37 条规定,耕地、宅基地、自留地、自留山等集体所有的土地使用权不得抵押。1996 年国务院办公厅发布的《关于加强土地转让管理严禁炒卖土地的通知》和 1999 年《关于加强土地转让管理严禁炒卖土地的通知》都规定,农村居民点要严格控制规模和范围,新建房屋要按照规划审批用地,逐步向中心村和小城镇集中。更是明确规定,农民的住宅不得向城市居民出售,也不得批准城市居民占用农民集体土地建住宅,有关部门不得为违法建造和购买的住宅发放土地证和房产证。2000 年 6 月中共中央、国务院《关于促进小城镇健康发展的若干意见》规定要严格限制分散建房的宅基地审批,鼓励农民进镇购房或按规划集中建房,节约的宅基地可用于小城镇建设用地。对进镇农户的宅基地,要适时置换,防止闲置浪费。2004 年国土资源部发布了《关于加强农村宅基地管理的意见》,全面具体地规定了农村宅基地问题。该意见第 13 条再次明确提出,"严禁城镇居民在农村购置宅基地,严禁为城镇居民在农村购买和违法建造的住宅发放土地使用证"。在此意见有关严格宅基地使用权申请条件中,强调"农村村民将原有住房出卖,出租或赠与他人后,再申请宅基地的,不得批准"。该意见表明,对宅基地的流转采取了更加严格限制的态度和趋势。

与上一时期相比,这一时期的宅基地立法的特征可以说是"一宅两制,公地私房;无偿取得,长期使用;政府管制,限制流转;强调福利,漠视产权"。[①] 一方面,宅基地由原来的农民自己所有变为集体所有,并且一户只能拥有一处宅基地;另一方面,加强了宅基地的审批和管理,而且,随着市场经济的发展,大量土地被开发利用,开始严格限制宅基地的流转。这种做法可以保证广大农民至少在形式上的基本公平,保障了"居者有其屋"的实现,也能对耕地保护起到积极作用。但是,其弊端也非常明显。

1. 收回宅基地审批权,实质上是加强政府对宅基地的控制,同时也是农民对宅基地处分权的弱化。再加上政府依据城乡规划对农民新建房屋、翻新房屋和改建房屋的控制加强,使农民集体和农民对于宅基地都没有独立的处分权,从宅基地的申请批准程序,到宅基地使用权的行使,再到宅基地的收回或征收,这些至

---

① 赵树枫等编著:《农村宅基地制度与城乡一体化》,中国经济出版社 2015 年版,第 154 页。

关重要的权利处分环节，基本上是政府代表国家掌握。[①]

2. 限制宅基地流转是与现实的经济社会发展相背离的。如果说中华人民共和国成立之初的宅基地农民私有是农民革命和土地改革的必然结果，20 世纪 60 年代将宅基地由私有收归生产队集体所有是社会主义集体化道路的必然选择，20 世纪 80 年代开始的严格管理是对农民和耕地的强有力保护，那么在社会主义市场经济确立后和工业化、城镇城乡一体化的发展中，随着经济的快速发展和人口流动的不断加剧，这种严格限制是与我国现实的社会经济发展方向严重背离的，应该予以改革。

（三）集体所有，试点流转时期（2015 年开始）

2013 年党的十八届三中全会指出，要赋予农民更多财产权利：保障农户宅基地用益物权，改革完善农村宅基地制度，选择若干试点，慎重稳妥推进农民住房财产权抵押、担保、转让，探索农民增加财产性收入渠道；建立农村产权流转交易市场，推动农村产权流转交易公开、公正、规范运行。2015 年中共中央办公厅、国务院办公厅印发《深化农村改革综合性实施方案》，确定宅基地制度改革的基本思路：在保障农户依法取得的宅基地用益物权基础上，改革完善农村宅基地制度；探索农民住房保障新机制，对农民住房财产权作出明确界定；探索宅基地有偿使用制度和自愿有偿退出机制；探索农民住房财产权抵押、担保、转让的有效途径。2015 年 12 月全国人大常委会为落实农村土地用益物权，赋予农民更多财产权利，深化农村金融改革创新，有效盘活农村资源、资金、资产，为稳步推进农村土地制度改革提供经验和模式，授权在天津市蓟县等 59 个试点县（市、区）行政区域暂时调整实

① 吴远来：《农村宅基地产权制度研究》，湖南人民出版社 2010 年版，第 80 页。

施《物权法》《担保法》关于集体所有的宅基地使用权不得抵押的规定。上述调整在2017年12月31日前试行。全国人大常委会决定强调,暂时调整实施有关法律规定,必须坚守土地公有制性质不改变、耕地红线不突破、农民利益不受损的底线,坚持从实际出发,因地制宜。开展闲置宅基地治理是增加农民财产的需要,也是落实党中央决策的重要步骤。由此,宅基地的流转开始获得了明确的制度支持。

二、关于闲置宅基地流转的社会考察

在2015年宅基地流转试点开始之前,我国法律以及政策对宅基地流转都是采取严格限制的做法。但是,这并没有阻止农村社会广泛和大量存在的隐形流转。根据笔者的调研和总结,发现目前农村还存在宅基地的流转,其形式主要有以下几种。

(一)买卖

这种形式的隐形流转是目前农村比较普遍的闲置宅基地流转方式。买卖方式又分为以下几种情况:一是对于"一户多宅"的情况,农民将自己多余的宅基地进行出卖;二是采取所谓的"合作建房"或者"卖地建房",即拥有闲置宅基地的农户与投资者共同完成宅基地的利用;三是通过出卖闲置房屋达到宅基地的隐形买卖;四是一体买卖,将闲置房屋和闲置宅基地与土地承包地经营权打包一起出售。

(二)出租

农村房屋出租主要是农民将宅基地上建造的农房通过租赁的形式来实现房产的租金收益。由于我国实行"房地一体"的原则,因此,在出租房屋时,是将宅基地也一并出租,从而获得房屋租金和土地租金的高收益。这种做法在城市近郊、城中村和经济发展较快的农村地区比较普遍。有些地方的农民变相地采取以租代卖方式，在出租房屋的时候，将房屋租赁期限约定时间较长，而且由承租人一次性支付租金，使承租人长期拥有此房。①

（三）抵押

随着城镇化的不断推进和农村经济的发展，农村也出现了大量的金融需求，尤其是一些从事较大规模的农村专业生产者或商业经营者。他们在进行较大规模农业生产和经营时，由于缺少资金，就将自家的房屋向金融机构进行抵押贷款，而随着自家房屋的抵押，房屋赖以建造的宅基地也一并被抵押。还有一种情况是用自家房屋为他人提供信用担保从而将房屋进行抵押。由于房屋本身属于农民，可以进行自有处分，但是由于“房地一体”原则，这种抵押违反我国《担保法》和《物权法》的规定。但是在实践中，尤其是经济比较发达的城郊，为了解决农民抵押贷款难的问题，政府曾支持过这种抵押。2007 年 10 月 8 日《嘉兴市农村合作金融机构农村住房抵押借款、登记管理暂行办法》中规定：“本办法适用于嘉兴市范围内拥有农村住房所有权的个体工商户以及具有完全民事行为能力的自然人以农村住房抵押担保方式申请的贷款。”第 3 条规定：“经登记的农村住房抵押借款是借款方向农村合作金融机构申请借款时，愿意以农村住房作为抵押物的一种借款担保形式。借款方到期不能归还借款本息时，农村合作金融机构有权依法处置其抵押物作为优先受偿。”湖南省常德市武陵区农村信用合作社也曾办理过这样的抵押，以农村宅基地使用权和房屋一起作抵押，办理抵押贷款的相关手续。②

① 姚丽等：《北京市郊区宅基地流转问题研究》，载《中国土地》2007 年第 2 期。

② 尹放鸣等：《常德农村宅基地管理现状调查及对策探讨》，载《国土资源导刊》2009 年第 2 期。

(四)征收

相比上述的几种非法流转方式,征收是一种法律明确规定的宅基地流转方式。我国《宪法》《土地管理法》等法律都规定了对农村土地的征收和补偿制度。因此,征收是一种合法的闲置宅基地流转方式。征收主要是政府基于公共利益的需要,如国防和外交的需要,能源、交通、水利等基础设施建设的需要,科技、教育、文化、卫生、体育、环境和资源保护、防灾减灾、文物保护、社会福利、市政公用等公共事业的需要,保障性安居工程建设的需要,政府依照城乡规划法有关规定组织实施的对危房集中、基础设施落后等地段进行旧城区改建的需要,对农村的闲置宅基地按照法律规定的程序和条件进行公平补偿的一种流转方式。但是,这种流转行为是一种政府的强制性行为,并不是基于农民自愿的需求。因此,容易产生政府与被征收宅基地农民之间的矛盾,引发社会问题。

(五)继承

继承主要是在被继承人死亡以后,由其继承人继承原来属于被继承人的宅基地的情形。由于继承人身份不同,会导致宅基地流转的不同形式和结果。如果继承人和被继承人属于同一集体经济组织成员,则可以进行宅基地的继承。根据我国法律的规定,宅基地可以在本集体经济组织内流转。但是,如果继承人和被继承人不属于同一集体经济组织成员,则继承人只能依照法律继承宅基地上的房屋所有权,但是宅基地却不能因此属于继承人所有。目前在实践中,由于集体经济组织功能的弱化,导致对村庄管理的乏力,即便是发现和知道继承人不属于本集体经济组织成员,也不会收回宅基地。另外,由于房地一体的原因,无法单独地将宅基地的收回或者退出,只能继续由继承人使用。

第二节 闲置宅基地流转存在的问题及原因

一、闲置宅基地流转中的主要问题

(一)隐形流转大量存在,造成集体收益的损失

所谓的隐形流转,是相对于合法流转而言的非法流转,即农民对于自己闲置的宅基地通过各种法律禁止的方式予以出让,从而获得收益的流转形式。根据学者和官方的调查统计,我国宅基地的流转已经形成一定规模。北京郊区大部分村镇的宅基地流转占到宅基地总数的10%左右,有的地方甚至高达40%以上。[①] 浙江省通过对15个行政村开展抽样调查统计,发现农民私下流转宅基地的有8个村,占到53.3%。上海市南汇区惠南镇城南村在近15年的时间里,有80%的宅基地被转卖给了外来人员居住。湖北省荆州市农村宅基地转让出租的比例达到29%。海南省农村宅基地出租比例也在20%左右,尤其是近郊农村的宅基地出租、出卖现象比较普遍,有的行政村甚至高达85%以上。[②] 可以看出闲置宅基地的隐形流转在我国大部分农村地区较为普遍。而且,城郊和经济发达地区的宅基地流转比例更高,存在较为明显的地域差异,流转方式多样。

尽管宅基地流转已经较为普遍,但是,由于我国《土地管理法》等法律和政策的限制,宅基地不允许向本集体经济组织以外的成员流转。由于巨大利润的诱惑等,促使了大部分农村闲置房

① 姚丽等:《北京市郊区宅基地流转问题研究》,载《中国土地》2007年第2期。

② 曹泮天:《宅基地使用权流转法律问题研究》,法律出版社2012年版,第76页。

屋和闲置宅基地的隐形流转,通过地下交易、“暗箱操作”的方式来获取土地利润。在隐形流转中还存在随意定价、故意抬高价格、交易不规范等情况。据笔者在甘肃省农村的调研中发现,一块大约200平方米的闲置宅基地,如果是“裸地”,即没有在宅基地上建造房屋的宅基地,一般要卖到6万元左右。如果是建造了房屋的宅基地,根据房屋面积的大小,出售价格会进行不同幅度的增加。

这种隐形流转存在两个弊端。第一,隐形流转使宅基地使用权的市场价值没有办法通过正常的交易和渠道体现。很多地方的流转价格并不能真实反映宅基地的实际市场价格,由于供求关系等原因导致宅基地流转价格被人为炒作和抬高,从而变相地鼓励了闲置宅基地的流转和交易,扰乱了土地市场的正常交易秩序。第二,隐形流转会导致集体收益的损失。由于宅基地本身分配的无偿性,农民在获得宅基地时没有付出任何的对价,导致“一户多宅”的出现和存在,甚至有的地方还有宅基地建房补贴。按照法律规定,宅基地所有权属于集体,农民只有使用权而没有处分权。因此,从权属关系上来讲,宅基地的收益应该属于集体所有。但是,农民在进行流转交易时,集体经济组织并不参与,即使交易对象是本集体经济组织以外的人,也很少有集体经济组织参与交易,从而使宅基地收益流入农民和交易方手里,造成了集体经济组织利益的损失。

(二)纠纷频发,交易安全存在隐患

任何交易主体进行合法交易都希望能够最大限度地实现其交易的预期利益,而一旦利益受损,则希望这种利益能够得到国家强有力的法律保障和救济。但是,闲置宅基地的流转交易作为一种隐形的存在和非法的交易,尽管有交易双方的强烈意愿和渴求，基于法律和政策的限制，其最终利益格局存在很多不确定性，这就为闲置宅基地的交易埋下了隐患，导致交易纠纷频发，影响双方当事人的利益。笔者在甘肃省张家川回族自治县人民法院调研时发现，该院 2014 年共计受理宅基地纠纷案件 16 起，占土地纠纷案件的 28%。

由于房屋属于农民的个人合法财产，农民对其拥有完全的所有权，可以占有、使用、收益和处分。因此，从法律层面上来讲，只要符合买卖合同的基本规则，履行必要的手续，农民出卖自己的房屋是合法和有效的。但问题是，房屋是建造在宅基地上的，而且根据我国“房地一体”的原则，即房屋的所有权和土地的使用权是一体的、不可分割的，在出卖房屋时，必须将土地使用权一并转让。而根据法律对宅基地转让的限制，不能转让给本集体经济组织以外的人。于是就形成了一种悖论，一方面农民对其拥有合法所有权房屋的自由出卖，另一方面对其出卖对象的严格限制。如果按照这样的逻辑，那农民出卖房屋在法律上的评价也会因为买受人身份的不同而认定为有效或者无效。从这几年的判决来看，基本上是采取无效的评价，如北京市第二中级人民法院审理的宋庄画家村农村宅基地房屋买卖纠纷一案，法院在判决书中认定：宅基地使用权是农村集体经济组织成员享有的权利，与享有者特定的身份相联系，非本集体经济组织成员无权取得或变相取得。马某某与李某某所签之《买卖房协议书》的买卖标的物不仅是房屋，还包含相应的宅基地使用权。因此，其买卖协议无效。[①] 在“夏某某与周某某等房屋买卖合同纠纷上诉案”中，成都市中级人民法院认为，农村宅基地使用权的主体仅限于本集体经济组

---

① 参见北京市第二中级人民法院判决书，(2007)二中民终字第 13692 号。

织成员，向本集体经济组织以外的农村居民转让农村住房和宅基地的，尽管“私房买卖合同”是双方当事人的真实意思表示，但因违反了集体经济组织的成员权属性，应属无效。[①] 笔者在调研中收集到的“古浪县大靖镇崔某甲诉曹某某、崔某乙房屋买卖合同纠纷案”，古浪县人民法院也认定房屋买卖合同因违反宅基地禁止买卖的强制性规定而无效。[②] 但是，这类纠纷在北京现在被裁判为买卖合同有效，其理由有两个：一是采目的性限缩解释方法，法律法规禁止买卖的“宅基地”，是指农户现在居住的房屋的宅基地，并不包括以“宅基地”名义分配给农户建房出售的土地；二是通过解释当事人之间的合同性质，属于“房屋买卖合同”，未涉及“土地使用权问题”，不是宅基地买卖合同，当然不违反禁止宅基地买卖的法律法规。于是判决认定这类房屋买卖合同有效，避免产生不公正的结果。[③]

尽管法律上允许房屋买卖，由于“房地一体”原则的实行和宅基地的特殊属性，导致农村房屋买卖大多被认定为无效，但这并不妨碍农村房屋买卖的热情和火爆。笔者在调查中发现，仍有很多人想出卖自己的房屋，也有很多人愿意去买，他们并不会因为法律认定这样的行为无效而止步，甚至出现了房屋买卖的投资市场，他们通过倒卖，利用差价赚取更多的利润。一院房子在几年内可以数易其主，并且也不履行登记手续，只有买卖双方的一纸协议。另外，村委会基本上也不管不问，因为在他们的心中，既然房子已经盖在地上了，那么房子和地都是出卖人的，出卖人可

① 参见四川省成都市中级人民法院民事判决书，(2008)成民终字第434号。

② 参见甘肃省古浪县人民法院民事判决书，(2012)古民重字第06号。

③ 梁慧星：《审理合同纠纷案件的若干问题》，载《法律适用》2012年第12期。

以任意处分。所以,在现实中仍然存在大量的房屋买卖,并且这些行为大多数都被有效地履行着。一旦涉及纠纷诉诸法院,这些行为会按照法律规定被判为无效。因此,对于闲置宅基地交易的双方,这种隐形流转都存在极大的交易风险,交易安全并不能得到完全的法律保障,可能给当事人带来较大的经济损失。

(三)随意变更土地用途,土地用途管制失效

我国之所以将宅基地归为农村建设用地,实行严格的用途限制,只能用于农村村民住宅建设,且不允许进行自由买卖和交易,最主要的目的是实现有效地保护耕地,把守耕地红线的目标。但是,由于利益驱使的大量隐形流转和交易的存在,使这种宅基地用途管制逐渐失效。对于交易方的农民来说,其主要目的是获得利益,至于交易之后的宅基地的用途和交易目的,则不闻不问。而对于受让方的另一方当事人来讲,获取宅基地的使用权则意味着可以进行更有价值的生存或者生活,以期能给自己带来更大的价值增长。

我国实行严格的土地用途监管制度。从农村宅基地来看,我国《土地管理法》第 59 条、第 62 条、第 66 条、第 73 条详细规定了宅基地的取得和政府的监管责任。因此,各级政府有责任和义务对违反土地管理法律法规的行为进行监督检查。但是,从闲置宅基地流转的现实情况来看,各级政府对于闲置宅基地流转过程中存在的变更土地用途等行为并没有进行监管。但是,在闲置宅基地流转过程中,交易双方基于自身经济利益的需要,随意变动流转土地的用途,将原来的宅基地变为养殖或者其他经营性建设用地,实现原有闲置宅基地的增值。这种变更土地用途的做法不仅会破坏我国实行的严格土地用途管制制度,危及我国耕地保护红线,还会对我国粮食安全造成潜在威胁。

（四）收益分配不公，引发农民损失

在闲置宅基地流转中有一种合法的流转方式，就是闲置的宅基地被以公共利益的目的进行征收。但是，关于公共利益的认识却存在很多差异，到目前为止，我国《宪法》《民法通则》《土地管理法》《物权法》等都没有对公共利益作出任何界定。但是，2011年国务院出台的《国有土地上房屋征收与补偿条例》第8条列举了属于公共利益的六种情况。在征收过程中，关于公共利益的争论仍然会持续，并引发相关法律纠纷。比如，2004年在重庆市出现的“史上最牛钉子户”案件引发了学者关于公共利益的热烈讨论。

有两个问题需要注意：一是关于这六种公共利益的界定主体。按照该条例的规定，公共利益的认定主体仍然是市、县级人民政府。二是该条例适用的范围。从条例名称上可以看出，适用的是国有土地。按照我国《宪法》和《物权法》的规定，城市所有的土地都属于国有。但随着城镇化的加快和户籍制度的改革，我国大量农村已经被城市包围，尤其是城郊的农村，已经被完全划入城市的范围。比如，成都市的户籍改革已经取消了农业户口，大大扩张了城市的范围，使原来的农村变为城市。2016年成都市《政府工作报告》指出：成都市将建成成都大都市区，包括“成都市域及周边紧密联系的城市共同构成的同城化地区。范围包括成都市域12,121平方公里及成都周边的资阳、德阳、眉山市域全部区县，以及雅安的雨城区和名山区，共36个区（市）县，总面积3.23万平方公里”。那么相应地，这些原来属于农村的土地也就成为城市土地，可以被依法征收，甚至直接被用作城市建设用地进行流转。

在这个过程中，政府完全处于土地交易市场的垄断地位，政

府与农民处于信息不对称的地位。导致农民谈判地位的弱化，处于完全被动的地位，从而使农民以较低的价格将宅基地转让给政府。政府再通过土地一级市场将这些宅基地进行流转，获取利润。其实，最核心的问题还是土地利益的分配问题。真正享有权利和获得利益的应该是宅基地的所有者和使用者，即宅基地使用权人和集体经济组织，而不是作为管理者的政府。而且，根据物权法基本理论，宅基地使用权作为用益物权，其收益优先于所有权人。真正的收益主体应该是作为宅基地使用权主体的农民。在政府、集体经济组织和农民三者之间，地方政府除了收取相关税费以外，不应该参与宅基地流转的收益分配。[①] 从实践来看，农民在政府主导的宅基地流转和市场主导的宅基地流转模式下获得的收益完全不同，市场主导的宅基地流转模式使农民能够获得更大的收益。[②]

二、闲置宅基地流转出现问题的主要原因

（一）土地供求关系失衡

运用经济学的常识可知，人们对某一产品的需求是在特定时期之内愿意并且有能力购买的协调和统一。在市场对某种产品的需求开始增长，而市场主体却对这种产品进行限制供应时，就会出现广大的消费者排队等候的现象，也会变相地催生供给产品价格的上涨。而如果完全禁止某种具有财产属性的产品的流通，那么消费者和产品的拥有者则会想办法来规避现有制度，寻求自己利益的最大化。土地作为一种稀缺资源，对土地的需求越多，

---

① 李延荣：《集体建设用地流转要分清主客体》，载《中国土地》2006 年第 2 期。

② 倪静等：《重庆市江津区农村宅基地流转收益分配探析》，载《西南大学学报》（自然科学版）2010 年第 12 期。

必然导致土地价值的大幅度攀升。

从需求方面来看，随着城镇化的不断推进和城乡统筹一体发展的快速发展，我国经济结构发生变化和产业结构的不断升级调整，需要大量的建设用地。而由于耕地保护政策和建设用地指标数量的限制，使城市发展越来越受制于自身土地的不足。于是，很多人将目光投向了广阔的农村建设用地。农村宅基地作为集体建设用地出现了巨大的需求。作为传统生产要素的宅基地不再是简单地承载农村住宅和养育的功能，其财富储备增值的功能也日益彰显。另外，城市化的快速发展也导致大量的人口流动，这些流动人口大部分都从事各种服务业，收入比较低，无法负担城里的高租金和高消费，转而寻求城郊便宜的房屋租赁居住，从而使城郊宅基地的价值增加。但是，从供给方面来看，由于法律法规和政策的限制，作为集体所有的宅基地无法获得像城市土地一样自由交易的可能性。即便是交易，也是限定在本集体经济组织内部，人为地阻断了和市场的联系，导致很多宅基地被闲置。这种供求关系的失衡，使利益需求双方在自我利益无法通过自愿交易实现的前提下，转而走向了非法的交易，导致了大量隐形交易的出现。

（二）城乡利益关系失衡

如果最初我国的宅基地具有很强的身份性和福利性，是基于农村身份而享有的一种居住财产，那么随着工业化和城市化的加快发展，这种仅为居住而拥有的财产已经不能满足农民的利益需求了。在城市近郊和“城中村”，宅基地的价值随着城市土地价值的提升而不断被放大。因为在城镇化过程中，无论是产业结构的调整，还是基础设施的建设，以及由此带来的人口集聚，土地都扮演着非常重要的角色，这些活动都必须通过承载着资产和资源双重功能的土地的重新分配来实现。①

随着城市土地交易价值的不断提升,农民对于自己宅基地交易价值的关注也日益增加,而且热切期望自己的宅基地能像城市土地一样获得巨大的现实利益,而不仅是满足生活的基本需求。但基于国家政策法律的限制,农民的这种期盼只能通过合法的国家征收来实现。我国现行的土地征收制度在征收土地的范围、程序和征收补偿的标准设置等方面存在较大缺陷,特别是对不同所有权主体的土地的征收补偿标准差异较大,使国家所有的城市土地和集体所有的农村宅基地在价值上存在巨大的差距。农民作为宅基地使用权人不能像城市居民一样,获取因为土地增值所带来的巨大利益。由于这种情况,农民在巨大利润的诱惑下,寻求对现有规定的突破,进行各种非法交易和流转,追求宅基地所能带来的最大利益。

(三)政府监管缺位

按照我国《土地管理法》的规定,对违反土地管理法律法规的行为,各级政府有责任和义务进行监督检查。但在实践中,各级人民政府对于实际存在的各种宅基地的闲置和交易缺少相应的监管,主要表现在以下几个方面:

第一,宅基地确权颁证工作还没有到位。虽然中央多次强调要尽快完成农村土地的确权颁证,但是由于农村实际情况千差万别、不动产统一登记整合等原因,目前很多农村未能顺利完成宅基地的确权颁证。

第二,宅基地审批权限设置不合理,审批环节多,审批内容重

---

① 宋戈:《中国城镇化过程中土地利用问题研究》,中国农业出版社2005年版,第1页。

复、周期长,弱化了基层政府和集体经济组织在宅基地审批中的作用,导致很多宅基地未批先建、违法占用耕地进行建设。这种程序使宅基地审批的制度要求与现实操作脱节。

第三,一些村干部利用自己的身份和权力,以权谋私,违法审批,带头乱占乱建,多占和超占宅基地的现象比较普遍。政府部门对于这种行为责任的追究也很难到位。

第四,由于各级政府及其工作人员没有能够严格按照法律法规所规定的程序和条件对宅基地的申请进行核实,使很多农村出现了“一户多宅”和宅基地超标的现象。对于已经闲置的宅基地,没有及时进行处理,任由其闲置。

第五,对于农村普遍存在的闲置宅基地的交易采取放任的态度,无论这种交易发生在本集体经济组织成员之间,还是发生在本集体经济组织成员之外,如果双方当事人不进行备案或者告知,政府相关部门也没有积极核实宅基地的权属变动情况。

第六,农村宅基地监管机构不健全。由于我国幅员辽阔,宅基地面积分布非常广,而且宅基地的政策性很强,使土地管理部门任务繁重。但是,目前我国基层的土地管理机构建制不健全,存在人员少、经费保障不到位、变动快等原因,致使宅基地管理基础工作薄弱,实施宅基地监管难以到位。①

(四)法律法规缺位

一方面是大量的宅基地被闲置,存在隐形流转和交易;而另一方面却是法律法规的缺位。即便有我国《土地管理法》等相关法律和国务院、国土资源部等出台的办法、条例和通知,但没有很

① 郑凌志主编:《中国土地政策蓝皮书》(2014),中国社会科学出版社2014年版,第55页。

好地规制和有效地解决宅基地的闲置，以及由此带来的流转等问题。

第一，对于“闲置宅基地”，没有任何法律或者行政法规、部门规章等作出明确的界定，导致实践中无法判断哪些属于闲置的宅基地，各地只能根据自己的经验和实际情况进行判断并加以治理。比如，浙江省淳安县发布的《浙江省淳安县人民政府办公室关于加强农村闲置宅基地管理的通知》和广西壮族自治区发布的《关于农村闲置宅基地整治利用的实施意见》分别对闲置宅基地作了概念界定，但是明显存在差别。

第二，对于闲置宅基地的治理措施没有任何规定，只提出要尽量利用村内空闲地，坚持节约集约用地等大方针和口号，对如何从具体措施和方式上进行落实则没有规定。

第三，对于闲置宅基地流转的主体、程序、方式、期限、收益分配等具体问题缺乏明确的法律规定。这是由于法律的缺位，导致实践中大量闲置宅基地的流转无法可依、违法流转，不仅浪费了土地资源，损害了集体收益和农民利益，还扰乱了正常的市场交易秩序和国家整体土地利用规划。

第三节　城郊和偏远地区宅基地转用途的利益平衡机制

一、通过税收实现城郊宅基地转为城市建设用地的利益平衡

城市近郊的宅基地由于特殊的地理位置，价值较偏远山区的宅基地要高出很多。一是由于城市发展导致的扩张，国有土地价格不断上涨带来的辐射效应所致；二是随着城市化的推进，大量流动人口进城，但是无法承受高房租、高消费等城市生活，只能选

择生活成本相对较低的城市郊区居住。这无形中抬高了城郊地区的宅基地交易价值。这些近郊的宅基地通过征收等手段进入城市建设用地后，缺乏对农民利益的后续保障措施，使农民无法享受到宅基地升值所带来的直接利益。因此，应该通过合理的税收政策来平衡城郊宅基地转为城市建设用地的利益分配。①

从目前来看，我国现行的土地税收体系是伴随经济体制改革而不断增加和陆续设置的，缺乏统一性和明确的总体设计。土地税制设计明显落后于经济社会发展水平，存在税制结构不完善和课税标准不科学的问题。比如，在征收环节，已经设置了耕地占用税，同时又征收耕地开垦费和新增建设用地土地有偿使用费，存在重费轻税的情况。② 党的十八届三中全会提出，要深化财税体制改革，完善税收制度和地方税体系。因此，应该加快建立农村集体土地流转的税收体系，以利于推进农村宅基地流转的市场化改革为导向，避免政府的不适当干预和主导，合理调节农村宅基地流转收益，参考国有建设用地使用权流转的税收制度，征收营业税、契税和增值税等，合理设计税种、税率。同时，应该加快推动不动产统一登记工作和土地评税制度，确保近郊宅基地流转所产生的收益能够最大化地用于国家经济社会发展，促进城乡建设用地市场繁荣与发展。

二、偏远地区无法流转出去的宅基地的复耕

对于偏远农村闲置宅基地来说，由于经济发展滞后、交通不便等原因，导致其利用价值较低，无法实现通过流转的增值收益，

---

① 杨遂全、李娟、文项：《宅基地流转的法学与经济学分析》，载《农村经济》2015年第12期。

② 郑凌志主编：《中国土地政策蓝皮书》(2014)，中国社会科学出版社2014年版，第242页。

可以对这些闲置宅基地实行复垦复耕，充分发挥土地效用，减少土地浪费。2011 年国务院发布了《土地复垦条例》，对我国土地复垦作了较为详细的规定。在对偏远山区的闲置宅基地进行复垦的过程中，不仅要考虑影响复垦复耕的主要因素，增加复垦复耕的成功率，还要考虑设计合理的复垦复耕程序。

影响偏远山区闲置宅基地复垦复耕的主要因素包括农民的经济实力、闲置房屋的结构、安置补偿的标准等重要因素。一般而言，农户经济实力比较强，比较愿意在城镇生活，也愿意对闲置的宅基地进行复垦复耕。安置补偿标准的确定对农民复垦复耕有重要影响，补偿标准越高，复垦复耕愿望越强烈。

对于闲置宅基地的复垦复耕也要设计严格的条件和程序。具体设计如下：

1. 能够复垦复耕的宅基地必须满足基本的耕作条件，并且原则上面积不得小于 0. 2 亩，如果是旱地，其坡度必须在 25 度以下。

2. 由农户提出申请，村委会审查，同时报送国土管理部门进行实地考察和审批。

3. 复垦复耕后要经过国土管理部门组织验收，验收合格的予以补助。

4. 提高复垦复耕宅基地的补助标准，具体标准根据复垦以后的土地登记进行确定。

5. 闲置宅基地复垦复耕的，原则上由原宅基地使用权人优先承包。原宅基地使用权人不耕种的，由村集体经济组织承包给其他农户或者由集体经济组织统一经营。

三、城郊土地发展权出让后补偿金向偏远地区转移支付

在闲置宅基地的流转中，政府征收是一个非常重要的流转途

径。但是,政府需要的其实并不是农民的宅基地,而是通过宅基地复垦复耕的操作,获得在城市的建设用地使用权指标。这一过程其实是政府以行政手段,以城乡二元结构下农村宅基地不能自由流转的困境为基础,对农民土地发展权的侵害。虽然,从表面上看是通过宅基地的流转实现了价值的增值过程,但实际上宅基地价值的实现已经不是农民所能控制和决定的,农民所获得的只是宅基地价值增值中的很小一部分收益。巨大的增值收益被政府收为己有,成为土地财政的重要组成部分。为了平衡这种利益关系,应该由中央政府实行专项转移支付制度。有学者指出,城郊宅基地的土地价格远远高于偏远地区,因此,城郊地区的农民所享有的利益远远高于偏远地区的农民。造成这种不平等的原因是初始资源配置,即宅基地所处的位置的不同所引起。"政府可以通过转移支付制度弥补偏远地区农民在住房资产性收益方面与城郊地区农民之间的差距,实现城郊地社会财富在城郊与偏远地区的合理分配。"①

转移支付是二级分配的一种手段,是政府为解决财政失衡而通过财政资金单方面的无偿转移,补充公共物品而提供的一种无偿支出,体现的是一种非市场性的分配关系。党的十八届三中全会指出,要完善一般性转移支付增长机制,重点增加对革命老区、贫困地区、民族地区、边疆地区的转移支付。国务院《关于改革和完善中央对地方转移支付制度的意见》(国发〔2014〕71 号)也对转移支付作了明确规定。由于长期的城乡二元发展体制,造成了对农村和农民利益的巨大牺牲。在工业化和城镇化快速发展的

---

① 杨遂全、张锰霖、钱力:《城乡一体化背景下农村闲置房屋的出路》,载《农村经济》2015 年第 1 期。

今天,应该实行“工业反哺农业、城市支持农村”,将从农村获得的巨大土地利益通过中央转移支付的方式返回农村,促进农村的快速发展和农民财产利益的实现。

四、闲置宅基地治理中不同主体的利益分享分析

闲置宅基地的流转对于任何流转的主体来说,都意味着利益的增加和实现,这应该是一个“双赢”甚至“多赢”的局面。但是顺畅、合法和高效的流转,必须有合理的利益分享保障机制作后盾,否则会引发更多的社会纠纷。在闲置宅基地流转利益的分享中,存在作为宅基地所有权人的集体、作为宅基地使用权人的农民和作为土地管理者的国家三方主体。首先,作为所有权人的集体经济组织基于所有权的收益权能应该参与闲置宅基地流转的收益,但是具体比例如何界定,应该在试点的基础上抓紧规范。其次,作为宅基地使用权人的农民是真正宅基地使用人,根据物权法的规定,宅基地使用权属于用益物权的一种,一部分闲置的宅基地是农民在取得之后还在上面建造了房屋等附属设施,投入大量的资金,根据物权法的规定,作为用益物权人的宅基地使用权人也有收益权。最后,关于国家的收益问题,尽管国家作为土地的管理者,为制定土地规划、基础设施建设等方面投入了大量的资金,但是笔者认为,这些工作本来属于国家职责范围内的事务,国家应该为人民提供更好的社会保障和服务,而不应该参与农民宅基地收益的分配。退一步讲,在闲置宅基地交易过程中,国家还要征收各种税和费,而这些本来也属于流转利益的范畴,已经由国家收取了。如果允许国家参与流转利益分配,等于国家参与了两次同一利益的分配,很不合理。因此,利益分享的主体只能是农村集体经济组织和农民,国家不应该参与收益分配。

但是,在实践中做法不一。《成都市集体建设用地使用权流转管理暂行办法》第33条规定,利益分配的办法是转让收益大部分归农户所有,政府可以按照一定比例从流转收益中提取资金,具体比例由区(市)县研究确定。可以看出,收益分配主体包括宅基地使用权人和有关政府。但是,重庆在流转收益的分配中,涉及的主体是宅基地使用权人和宅基地所有权人,没有政府参与收益分配的制度规定。《重庆农村土地交易所管理暂行办法》在关于分配权益保障的规定中,明确规定农村宅基地使用权交易收益原则上大部分归农民家庭所有,小部分归农村集体经济组织所有,具体分配比例由农民家庭和农村集体经济组织协商确定。

在农村集体经济组织和农民的利益分配中,应该坚持协商对话,而不是由政府确定。在协商过程中,充分尊重农民的主体地位,允许农民充分表达自己的利益诉求,通过平和的对话协商,结合农户实际情况和宅基地流转的实际收益来进行合理分配。同时,也要坚持向宅基地使用权人倾斜,更加体现宅基地收益的社会保障功能。

第四节　闲置宅基地流转的路径与未来制度设计

一、闲置宅基地流转的原则

(一)农民自愿,体现农民主体地位

所谓自愿原则,是民事主体进行民事活动的基本原则,强调作为宅基地使用权主体的农民在闲置宅基地的流转中能够充分表达自己的真实想法和意愿,根据自己的意志来进行闲置宅基地的流转。因此,闲置宅基地的流转必须以农民自愿流转为前提,充分尊重和体现农民的主体地位。尤其是在政府主导的宅基地

治理模式之下,强调此原则意义重大。在个别地方的闲置宅基地流转中存在政府部门通过各种方式给农户施压,使农户被迫接受政府的流转方式和结果,是对农民利益的更大侵犯。比如,天津市的宅基地换房中出现的问题。[①] 因此,在进行闲置宅基地流转时,首先,要在进行流转之前对农民的流转意愿进行充分的调研,看有多少农民愿意流转,愿意以什么样的方式流转;其次,在调研的基础上对流转方式进行可行性评估,看这些流转方式适不适合当地的闲置宅基地治理;最后,由农民自己来决定流转的方式,而不是由政府替农民做主或者强迫农民接受。当然,这种自愿也不是绝对的意志自由,要受到法律的限制,即在法律框架内的自愿。

(二)兼顾效益与保障的原则

效益和保障在闲置宅基地流转中都是一种价值追求,要在尊重农民主体地位进行资源选择的前提下兼顾二者。宅基地本身对农民来讲是一种身份性和福利性的结合,是保障农民基本居住生活条件满足的前提,“一户一宅”和按规定面积建造房屋就是这种保障性的体现。而在市场化的大潮之下和市场资源配置的过程中,拥有宅基地使用权的农民也希望追求其自身利益,更加有效地进行资源配置。因此,在进行闲置宅基地的流转时,要将自主权交给农民,由其根据自己的实际情况作出符合效益和保障的合理选择。但是,从资源配置和利用的角度讲,效益的实现既能充分发挥闲置宅基地的价值,又可以实现农民自身利益的增加,但是必须建立在农民生活有完全保障的前提下。

---

① 勾新雨:《天津宅基地换房争议调查:强迫还是自愿》,载《投资者报》2009 年 3 月 16 日。

（三）政府尽责监督，引导利益合理分配

在闲置宅基地流转中，政府要起到监督和制约作用，按照我国《土地管理法》等法律法规和文件的要求，严格履行自己的监管职责，在充分尊重农民意愿的前提下，加大对违法行为的查处和追责，确保闲置宅基地流转的顺畅。

第一，政府相关部门要尽快完成宅基地权属确认和颁证，保障宅基地产权主体明确、面积合法、权属清晰。

第二，要规范闲置宅基地的流转方式，引导农民通过合法方式进行闲置宅基地的流转。

第三，政府规划部门要合理对村庄进行科学规划，既要考虑近期规划，也要有长远规划，保证农村闲置宅基地治理的成果，推动综合治理。

第四，建立合理的利益分配机制和监督机制，确保闲置宅基地流转的收益能够真正为农民享有。

通过政府职责认真负责地履行，强化政府的监督和干预，不仅可以使农民利益得以实现，而且可以有效避免农民为单纯逐利而牺牲公共利益，也有利于保障国家土地利用总体规划和用途管制目标的实现。

二、流转的前提

闲置宅基地流转的前提有两个：一个是概念准确，另一个是产权明晰。

（一）概念准确

任何交易的进行都必须有明确的交易对象，这样交易双方才能就交易对象进行价值的考量和谈判。闲置宅基地的出现是我国农村社会普遍存在的现象，但是，到目前为止还没有一个官方的统一界定，更没有法律的明文规定。学者对于闲置宅基地的界

定也存在很多差异。各地方出台的关于闲置宅基地治理的文件也有不同的界定。因此,为了能够准确地选择治理对象,有的放矢,必须对闲置宅基地的概念作出科学合理的界定。根据上文分析,可以将闲置宅基地界定为无论宅基上是否有建筑物存在、在一定期限内没有被充分利用的宅基地。

（二）产权明晰

"产权是一种社会工具,其重要性就在于事实上它们能帮助一个人形成他与他人进行交易时的合理预期,界定人们如何受损或如何受益。"①"私人产权下,私人做出行动时,会考虑未来的收益和成本,并根据能使他利益最大的方式,做出使用资源的安排,可以将许多外部性内在化,可以更有效地利用资源。"②"新制度经济学对社会史的研究也表明,产权界定明晰是一个经济社会走向繁荣的必备前提。"③因此,闲置宅基地产权清晰,可以使流转主体合理预期自己的行为后果,做出最符合自己利益的选择,也可以提高闲置宅基地流转的效率,防范交易过程中出现的各种风险和不利因素,实现土地资源的优化配置。

确认闲置宅基地的产权,主要需要进行两个方面的工作。一是确认闲置宅基地的主体;二是确认闲置宅基地的面积。

第一,关于闲置宅基地确权的基本要求。国务院 1995 年实施的《确定土地所有权和使用权的若干规定》目前应该还是土地行政确权的实体法规。《确定土地所有权和使用权的若干规定》

---

① 王旭东:《中国农村宅基地制度研究》,中国建筑工业出版社 2011 年版,第 17 页。

② 同上书,第 18 页。

③ 曹洋天:《宅基地使用权流转法律问题研究》,法律出版社 2012 年版,第 138 页。

从第19条到第25条对集体土地所有权作了详细规定,确定了土地确权的时间点,即1962年9月人民公社六十条颁布之前、人民公社六十条公布起至1982年国务院《村镇建房用地管理条例》发布时、1982年国务院《村镇建房用地管理条例》发布时起至1987年我国《土地管理法》开始施行时。具体规定:"土地改革时分给农民并颁发了土地所有证的土地,属于农民集体所有。""村农民集体所有的土地,按目前该村农民集体实际使用的本集体土地所有权界线确定所有权。""农民集体连续使用其他农民集体所有的土地已满二十年的,应视为现使用者所有;连续使用不满二十年,或者虽满二十年但在二十年期满之前所有者曾向现使用者或有关部门提出归还的,由县级以上人民政府根据具体情况确定土地所有权。"以上的规定从硬性的角度提出了土地确权的评判依据。

2003年3月实施并于2010年11月30日修正的《土地权属争议调查处理办法》实际上就起到了行政确权工作中"程序法"的作用。其中规定:"承办人在调查处理土地权属争议过程中,可以向有关单位或者个人调查取证。被调查的单位或者个人应当协助,并如实提供有关证明材料。""在调查处理土地权属争议过程中,国土资源行政主管部门认为有必要对争议的土地进行实地调查的,应当通知当事人及有关人员到现场。必要时,可以邀请有关部门派人协助调查。""土地权属争议双方当事人对各自提出的事实和理由负有举证责任,应当及时向负责调查处理的国土资源行政主管部门提供有关证据材料。""国土资源行政主管部门在调查处理争议案件时,应当审查双方当事人提供的下列证据材料:(一)人民政府颁发的确定土地权属的凭证;(二)人民政府或者主管部门批准征收、划拨、出让土地或者以其他方式批准使用土地的文件;(三)争议双方当事人依法达成的书面协议;

(四)人民政府或者司法机关处理争议的文件或者附图;(五)其他有关证明文件。"第21条中规定:"对当事人提供的证据材料,国土资源行政主管部门应当查证属实,方可作为认定事实的根据。"在确权过程中,应该首先充分地听取争议双方的主张,收验各方的证据,必要时应该安排听证会,通过这些工作作出初步审查证据原则和继续调查方案,然后再结合实际的情况主动地进行核实和调查补充。

成都市在确权登记方面的做法值得借鉴。成都市在国务院《确定土地所有权和使用权的若干规定》的基础上先后制定颁布了三份关于确权的文件。[①] 其主要做法为:(1)采用类型化的方法对宅基地使用权进行分类。将宅基地使用权分为两类:一是农村宅基地使用权;二是空闲宅基地使用权。第一类农村宅基地,是指村民用于建房居住使用的宅基地;第二类空闲的宅基地,是指村庄内部的空闲宅基地以及其他空闲的土地。(2)不同的主体所获得的宅基地使用权的类型也不同。给农户确认的是农村宅基地使用权,对于空闲宅基地使用权的确权,则根据不同情况确认给农户或村集体经济组织。(3)宅基地使用权的类型不同,确权方式不同。①以户为单位进行农村宅基地使用权的确定。②权利人有相关权利证书或者批准文件的,按权利证书或者批准文件所记载的宅基地占地面积以及范围进行确权。③权利人没有相关权利证明的,如果宅基地面积未达到规定的面积标准,可

---

① 这些文件包括《成都市国土资源局关于印发〈成都市集体土地所有权确权、登记暂行规定〉(试行)的通知》(成国土资〔2007〕525号)、《成都市国土资源局关于印发〈成都市集体建设用地使用权确权、登记暂行规定〉(试行)的通知》(成国土资〔2007〕526号)、《成都市国土资源局关于印发〈集体土地所有权和集体建设用地使用权确权登记有关问题实施意见〉(试行)的通知》(成国土资发〔2008〕127号)。

将其实际使用的房屋附属设施以及院坝和林盘等用地合并确定，直至达到面积标准。对于建筑面积超标的，超标部分确认给实际使用土地的农户或集体经济组织，土地类型为空闲宅基地。空闲宅基地使用权经村民会议2/3以上村民代表或者2/3以上集体成员的同意，并形成相关决议，就可以确权给实际使用土地的农户或者本集体经济组织所有。[①]

第二，关于确认闲置宅基地的面积。在闲置宅基地流转过程中，宅基地的面积关系到宅基地使用权人的实际利益，面积的大小决定其获得的实际利益的多少。因此，必须明确闲置宅基地的面积，以具体的数字来体现。根据我国《土地管理法》第62条的规定，宅基地的面积不得超过省、自治区、直辖市规定的标准。而我国每个省区或根据自己的实际情况对宅基地的面积作出不同的规定，因此，不同地方的农民所能申请到的宅基地面积也不一样。另外，我国实践中大量存在未批先建、"一户多宅"、面积超标等问题，对于宅基地面积的数量并没有全面准确地掌握。国土资源部发布的《关于进一步加快宅基地使用权登记发证工作的通知》（国土资发〔2008〕146号）中明确规定：1982年《村镇建房用地管理条例》实施前农村村民建房占用的宅基地，在《村镇建房用地管理条例》实施后至今未扩大用地面积的，可以按现有实际使用面积进行登记。1982年《村镇建房用地管理条例》实施起至1987年我国《土地管理法》实施时止，农村村民建房占用的宅基地，超过当地规定的面积标准的，超过部分按当时国家和地方有关规定处理后，可以按实际使用面积进行登记。1987年我国《土

---

① 曹泮天：《宅基地使用权流转法律问题研究》，法律出版社2012年版，第103页。

地管理法》实施后,农村村民建房占用的宅基地,超过当地规定的面积标准的,按照实际批准面积进行登记。其面积超过各地规定标准的可在土地登记簿和土地权利证书记事栏内注明超过标准的面积,待以后分户建房或现有房屋拆迁、改建、翻建、政府依法实施规划重新建设时,按有关规定作出处理,并按照各地规定的面积标准重新进行登记。

如根据四川省的相关政策规定,农村居民(依地区不同)人均可拥有宅基地的面积不超过30~35平方米,但实际人均拥有面积却远大于此(以都江堰市柳街镇最新实测的数据为例,人均房占地面积约133平方米)。成都市将现有宅基地的实际测量面积分为两个类型进行确权。其中符合政策规定内面积的宅基地确权名称为“批准农村宅基地”,超过规定面积的部分确权名称为“其他农村宅基地”,但是这两类宅基地都记录在同一宅基地使用权证中。笔者在甘肃省张家川回族自治县调研中也发现,农村存在很多的“一户多宅”和宅基地面积超标的现象。其中有两处或两处以上宅基地的农户约占10%,而面积超标的则达到30%,甚至更高的比例。但是在宅基地确权过程中,原则是实行“一户一宅”,同时考虑城区和乡村的差别,规定城区每宅2分地,约合133平方米,乡村每宅3分地,约合200平方米。对于人口较少的偏远山区则实行3~3.5分地的弹性规定,但最多不超过3.5分地,即235平方米。对于由于历史遗留等原因超过规定的宅基地面积的部分,只进行确权,不发宅基地使用权证。

三、流转的方式和条件

在明确闲置宅基地的基本概念,确定闲置宅基地的产权归属和面积的前提下,要进一步构建闲置宅基地流转的基本条件。由于闲置宅基地的流转方式较多,对于不同的流转方式应该设置不同的条件。

（一）买卖

闲置宅基地买卖是由作为闲置宅基地使用权人的农民，将闲置的宅基地以自愿、有偿的方式转让给买受人，由买受人支付价金的一种流转方式。其基本条件包括：

1. 主体必须是闲置宅基地的使用权人，必须持有宅基地使用权证。如果闲置宅基地上有在建房屋，必须有房屋所有权证或者不动产权证书来证明其属于闲置宅基地的使用权人。有的学者指出，“农民作为宅基地使用权人转让宅基地使用权须提供相关宅基地使用权、房屋所有权、劳动合同及社会保障证书，证明其在农村或城镇拥有产权完整的住房，有稳定生活来源，社会保障措施完善，从而确保农民的宅基地使用权转让后农民不会因失去房屋而流离失所”。[①] 确实，宅基地作为农民生活的基本保障，对农民的重要性不言而喻。但是，农民作为理性的个体，应该非常清楚自己所处的经济状况和社会环境，如果缺乏足够的其他保障作为基础，不会轻易地对自己赖以生存的宅基地进行处分。所以，只要农民自愿进行流转，能够证明流转的闲置宅基地属于其所有即可，而不必苛求其必须提供其他的社会保障证明。另外，既然是闲置的宅基地，肯定有其闲置的原因，否则农民就会自己进行利用而不让其闲置。

2. 受让主体应该全面放开。按照现有法律的规定，宅基地的买卖只能在本集体经济组织内部进行，城镇居民以及企事业单位等购买宅基地的行为被明确禁止。这样的限制会使闲置宅基地

---

① 王崇敏：《宅基地使用权制度现代化构造》，武汉大学2013年博士学位论文，第112页。

无法获得其应有的价值,催生了大量的隐形流转和非法交易。因此,基于社会的现实需求应该全面放开宅基地受让人的限制,允许所有人进行宅基地的购买。这样不仅可以使闲置宅基地真正进入市场流通,体现宅基地本身的价值,获得市场应有的价格,维护正常的市场交易秩序,而且可以引入社会资金对农村闲置宅基地进行改造升级,优化农村人居环境,促进农村经济发展。但是,本集体经济组织以外的成员购买闲置宅基地时,必须受到两个条件的限制:第一,其购买的闲置宅基地所有权仍然属于集体所有,买受人只享有使用权。如果闲置宅基地上建有房屋,那么房屋产权可以变更为买受人所有。第二,要保障本集体经济组织成员的优先购买权。在同等条件下,如果有与出卖人属于同一集体经济组织的成员也想购买,那么必须保障本集体经济组织的成员优先于其他的买受人获得闲置宅基地的使用权。

3. 必须采用书面形式报备或报批。由于土地的稀缺性,其交易价值一般都比较大,价格也较高,因此,为了有效避免以后可能产生的纠纷,应该采取书面形式签订买卖合同。在合同中应该明确宅基地的位置、面积、权利归属情况、交易价格等重要信息。如果买卖双方属于同一集体经济组织,那么需要将买卖的书面合同报本集体经济组织进行备案,如果买卖双方不属于本集体经济组织,则应该报本集体经济组织进行批准。集体经济组织批准是该买卖合同的生效要件。

4. 符合用途管制和村庄规划。我国实行严格的土地用途管制制度,坚守耕地保护的红线,主要是为了保障我国的粮食安全。同时,为了有效提高土地利用效率,我国也实行土地规划制度,包括城镇体系规划、城市规划、镇规划、乡规划和村庄规划。任何使用土地的单位和个人,都必须严格按照土地利用总体规划所确定的土地用途来使用土地。闲置宅基地在进行买卖后,也必须严格遵守宅基地的用途管制和村庄规划,不得由受让人随意进行改变。

5. 一旦宅基地使用权人出卖了宅基地,对于再申请宅基地的不予批准。

(二)抵押

抵押是闲置宅基地使用权人将自己的宅基地使用权或者将宅基地及其房屋等一起作为担保物为自己或他人的债务向抵押权人提供担保,在抵押人到期无法清偿债务的情况下,由抵押权人对抵押物予以处分并优先受偿的权利。根据全国人大常委会2015年的授权,在天津蓟县等59个试点县(市、区)行政区域,对于我国《物权法》《担保法》规定的关于集体所有的宅基地使用权不得抵押的规定,暂时调整实施,允许以农民住房财产权(含宅基地使用权)抵押贷款。国务院也出台了《关于开展农村承包土地的经营权和农民住房财产权抵押贷款试点的指导意见》(国发〔2015〕45号)文件。浙江省义乌市已经于2015年12月底依法发放了全国首笔农村宅基地抵押贷款,义乌北苑街道黄杨梅村村民季建忠在义乌市行政服务中心国土局窗口,完成农村宅基地抵押权登记手续后,用自己合法的农村宅基地住房作抵押,从义乌农村商业银行北苑支行获得了30万元的贷款。① 另外,义乌市出台了《义乌市农村宅基地使用权流转暂行办法》和《义乌市农民住房财产权抵押贷款管理办法》等管理制度。中国农业银行也于近期出台了《中国农业银行农民住房财产权抵押贷款管理办法

① 《义乌昨发放全国首笔农村宅基地抵押贷款》,载 http://news.jh.fang.com/2015-12-29/18824469.htm,最后访问日期:2016年3月2日。

(试行)》,明确先期在国家确定的天津蓟县等59个农民住房财产权抵押贷款试点县(市、区)支行进行试点,并且明确规定了宅基地抵押的几个要求。①

根据物权法和相关政策文件的规定,闲置宅基地抵押流转的基本条件应该包括以下几点。

第一,前提条件。按照国务院的要求,主要包括:一是宅基地使用权和农民住房所有权确权登记颁证率高,农村产权流转交易市场健全,交易行为公开规范,具备较好基础和支撑条件;二是农户土地流转意愿较强,农业适度规模经营势头良好,具备规模经济效益;三是农村信用环境较好,配套政策较为健全。

第二,法律条件。由闲置宅基地使用权人与银行等金融机构签订抵押合同。抵押合同属于书面要式合同,并记载法律规定的内容,主要包括:(1)债权人、债务人、抵押人的姓名(名称)、住址;(2)被担保主债权种类、数额;(3)债务人履行债务的期限;(4)房地产的名称、数量、质量、状况、所在地、所有权权属或者使用权权属;(5)抵押担保的范围;(6)当事人认为需要约定的其他事项。

第三,办理登记手续。由于宅基地属于不动产,因此根据物权法的基本原理,应该实行登记生效主义,即抵押权从登记时设立。但是不登记只是抵押权不成立,不影响抵押合同的法律效力,抵押合同从成立时生效。

(三)出租

出租是闲置宅基地的使用权人将闲置的宅基地以及房屋一

① 《农行开展农民住房财产权抵押贷款试点最高可贷300万》,载http://bank.hexun.com/2016-03-10/182678407.html,最后访问日期:2016年3月10日。

起交付给承租人使用,从而收取租金的行为。这种流转的基本条件包括:(1)租赁行为是双方真实的意思表示;(2)采用书面形式,明确约定租赁的期限、价款、权利义务等内容。尤其是租赁期限,必须符合国家法律规定,超过最长租赁期限的无效。特别要防止农村很多以租代卖的形式出现。鉴于农村宅基地的特殊性,在权利义务方面,要明确规定不得改变宅基地的用途和违法村庄规划等内容。

(四)征收

闲置宅基地的征收可以参照国务院发布的《国有土地上房屋征收与补偿条例》的要求。主要包括两个条件:(1)必须基于公共利益的需要进行征收。关于公共利益,《国有土地上房屋征收与补偿条例》第8条已经作了明确规定。但是在具体征收时,还必须注意以下问题:一是由政府就征收的基础进行前期调研和论证,看征收闲置的宅基地是否符合公共利益的要求,出具调研报告和论证意见;二是要向社会公布征收决定、调研报告和论证意见,广泛征求社会意见;三是要设立异议听证程序,即在公告期内有异议的可以向政府提出,并由政府组织异议听证,最后决定是否应该征收。(2)严格按照我国《土地管理法》等法律法规的规定,对闲置宅基地的使用权人进行公平合理的补偿。在确定征收范围和标准时,政府部门作为征收主体,不应全程参与,而应聘请中立的第三方对补偿的主要支出及费用按照市场价格作出公平合理的确定,然后由政府和被征收闲置宅基地的使用权人进行协商决定。

(五)继承

我国现行法律对于闲置宅基地的继承没有作出明确的规定。从实践来看,闲置宅基地的继承是比较普遍的,主要有两种情况:

一是宅基地和房屋一体闲置,二是单纯的宅基地闲置。对于宅基地和房屋一体闲置的,在被继承人死亡发生继承之时,继承人应该取得继承房屋的所有权,同时,基于“房地一体”的原则,继承房屋所在的宅基地也应该一并继承。对于只有闲置宅基地而没有闲置房屋的情形,应该区别继承人的身份,如果继承人与被继承人属于同一集体经济组织成员,那么可以继承闲置宅基地。如果继承人与被继承人不属于同一集体经济组织成员,则应该由集体经济组织对该闲置宅基地予以收回。

四、流转的制度保障

为了保障闲置宅基地的合法、顺利和高效地流转,应该尽快构建和完善相关措施来保障流转的正常进行。

(一)法律政策保障

目前,闲置宅基地流转最大的障碍就是没有得到法律规定的明确授权和支持,使闲置宅基地要么继续闲置,成为“死产”,浪费土地,要么隐形流转,非法交易。所以,应该尽快以现有《土地管理法》等法律为基础,修订完善相关法律制度。一是废止国务院和国土资源部等关于禁止宅基地流转的法律,从制度源头上解决禁锢宅基地流转的障碍;二是尽快完成全国闲置宅基地的调查数据分析,建立数据库和动态监测系统,同时依据各地的农村产权交易中心或者交易所对全国的农村宅基地交易进行监控分析,或者建立农村土地储备中心,分门别类地对农村集体建设用地进行整理,为闲置宅基地的流转提供数据支持;三是加快改革试点的落实和实施,利用允许农村住房和宅基地抵押的试点政策,积极探索,加快推进,并及时总结经验,形成规范性效力较高的法律文件,并及时出台进行推广适用;四是要科学规划,形成完善的村庄近期和长远规划,编制土地利用规划、村庄总体规划和村庄用地规划，要做到“统一规划、合理布局、因地制宜、综合开发，配套建设”。

（二）社会制度保障

由于长期的城乡二元分割，城镇居民享有较为完善的社会保障体系，而农民则以土地作为基本的社会保障。从理论上来说，作为国家公民的农民也应该享有和城镇居民一样的社会保障，这种社会保障是国家应该为社会全体成员提供的一种服务，也是国家的一项基本义务。但是，我国政府却不用为农民提供什么，只是要求农民用自己耕种的土地进行生产来为自己提供基本的保障，而国家所要做的就是使用公权力来禁止农民自己处分自己耕种的土地获取利益，强制农民自己承担对自己的社会保障义务。[①] 因此，应该加强国家对农民的社会保障和支持。一是加强对农民的就业培训和指导。2016 年中央一号文件已经明确提出要积极发展农业职业教育，大力培养新型职业农民。通过职业教育和技能培训，提高农民的基本职业素养和能力，同时多途径地为农民创造就业机会，使他们能够在离开土地之后依然能有最基本的收入来源，保障其基本的生活水平并不断提高。二是与户籍改革相适应，加快农民身份转变，使其能够与城镇居民一样尽快享受完善的医疗、失业、养老、最低生活保障等社保措施，解决农民离开土地的后顾之忧。

（三）监管体制保障

农村闲置宅基地的流转不仅关系农民自身利益的实现，而且关系国家土地利用规划、用途管制和节约利用的问题。因此，在

---

① 陈明：《农地产权制度的创新与农民土地财产权利保护》，湖北长江出版集团、湖北人民出版社 2006 年版，第 198 页。

流转过程中要做到以下两点:第一,加强群众监督和村委会监督。建立一套完整的群众监督体系,让广大群众自觉参与对闲置宅基地流转行为的监督。充分发挥村委会干部的政策优势,一旦发现苗头就要及时处理或者向上级管理部门汇报。第二,由政府部门加强监管,切实履行自己的监管职责。一是及时准确地统计和调研农村宅基地闲置情况和流转情况,为宅基地流转提供数据支持。二是对流转过程进行监管,看是否有违法行为或者不符合法律规定的约定,同时对流转过程中的利益分配进行监管,保障流转利益分配的公开、透明和公平。三是事后监管,即对流转以后的宅基地,监督其是否符合土地利用总体规划和村庄规划,是否改变了土地用途等,如果发现,应该依照法律规定及时进行责任的认定和追究。四是提供救济渠道,建立多元化的纠纷解决机制,及时化解流转纠纷。尤其是涉及闲置宅基地权属、流转效力、流转收益分配等问题时,应该提供及时专业的行政服务,最大限度保障流转的顺利进行和利益共享。五是公示公开,凡是需要进行闲置宅基地流转的,都要在本集体经济组织内部进行公示,还要做到程序公平、公开,让本集体经济组织内的其他成员能够知情,以保护其应有的权利。

(四)程序设计保障

具体程序设计如下:

第一,闲置宅基地合法使用权人向所在集体经济组织提出转换申请,经宅基地所有权主体同意和原宅基地批准机关核准后,将其合法取得的全部或扣除自住用地后剩余的宅基地交农村集体经济组织。

第二,由农村集体经济组织作为流转主体,将转换后的集体建设用地(不包括宅基地)进行依法流转,由农村集体经济组织出面与使用土地一方签订集体建设用地使用权出让合同。

第三，集体建设用地使用权出让的收益应该全部归农村集体经济组织所有，但在该收益中应特留一定比例，用于向原宅基地使用权人支付补偿或奖励。具体事项由原宅基地使用权人与农村集体经济组织协商。

第六章　闲置宅基地有偿退出的现状及未来

第一节　闲置宅基地有偿退出的界定

农村闲置宅基地是随着经济社会发展而出现的一种新的问题和现象。改革开放以后，随着工业化、城镇化和城乡一体化的不断推进，使宅基地闲置的情况越来越严重。但是，由于法律规定的滞后和对闲置宅基地问题研究的缺乏，导致闲置宅基地问题一直没有引起足够的重视。党的十八届三中全会明确提出要“保障农户宅基地用益物权，改革完善农村宅基地制度”，为宅基地制度和闲置宅基地的治理提供了治理前提。中央《深化农村改革综合性实施方案》也提出，宅基地制度改革的基本思路是，在保障农户依法取得宅基地用益物权的基础上,改革完善农村宅基地制度,探索农民住房保障新机制,对农民住房财产权作出明确界定,探索宅基地有偿使用制度和自愿有偿退出机制,探索农民住房财产权抵押、担保、转让的有效途径。

一、闲置宅基地有偿退出的要素

虽然关于宅基地的退出已经有了中央的明确要求和地方的相应实践,但是目前对于宅基地的退出,尤其是闲置宅基地的退出还没有明确的界定。学者对于退出的概念、主体、范围等问题还有不同的看法。有学者认为,宅基地退出是在政府激励政策下,农民自愿退出现有的宅基地和主动放弃合法宅基地的申请,也包括强制收回农民"一户多宅"、面积超标等违法占用的多余宅基地。[①] 也有学者认为,宅基地退出是在保护耕地和集约节约利用土地的前提下,包括农村宅基地整理复垦、农民主动放弃宅基地及住房和宅基地流转三方面的综合退出。[②] 还有学者指出:农村宅基地退出指农户在政府政策引导下放弃其所获得的农村宅基地使用权。地方政府或村集体经济组织通过支付一定的对价或者采用另行安置办法,以诱导农户退出其所占用的宅基地,以实现集约利用土地资源,为城市建设腾出更多的用地空间。[③] 也有人认为,宅基地退出指农户退出宅基地,其享有的宅基地使

---

① 欧阳安蛟、蔡锋铭、陈立定:《农村宅基地退出机制建立探讨》,载《中国土地科学》2009 年第 10 期。

② 张秀智、丁锐:《经济欠发达与偏远农村地区宅基地退出机制分析:案例研究》,载《中国农村经济》2009 年第 6 期。

③ 彭长生、范子英:《农户宅基地退出意愿及其影响因素分析——基于安徽省 6 县 1431 个农户调查的实证研究》,载《经济社会体制比较》2012 年第 2 期。

用权因此而消灭的现象。[①] 宅基地退出是宅基地使用者彻底交出使用权并退出宅基地,且退出的宅基地可以变更用途的一种特殊的土地流转形式。[②]

综合上述学者的观点,可以看出,宅基地退出是随着我国社会经济发展,为了节约利用土地而出现的新趋势,在农户自愿、政府牵头引导的原则之下,将农民自己的宅基地通过合法的途径收归国家或者集体所有,从而使农民失去宅基地使用权和农民身份及其生活方式的一种制度。其基本要素主要包括以下几点。

（一）退出的原则：农民自愿、政府引导

中央全面深化改革领导小组第七次会议审议通过的《关于农村土地征收、集体经营性建设用地入市、宅基地制度改革试点工作的意见》中明确强调,对宅基地制度改革的试点条件和范围要严格把关,不能侵犯农民利益,同时不得以退出宅基地使用权作为进城落户的条件。《深化农村改革综合性实施方案》中也提出农民自愿的原则。退出首要坚持的原则就是农民自愿,充分尊重农民的主体地位和自我选择,以农民的意愿为前提,不能强迫农民,甚至通过威胁、恐吓等方式强制农民进城和上楼。政府可以新农村建设、统筹城乡发展为背景,以城市户口和完善的社会保障、良好的公共服务体系等来引导农民自愿有偿退出闲置的宅基地。

（二）退出的主体：农民

根据我国相关法律规定,宅基地的所有权属于集体经济组织

---

① 汪莉、尤佳:《土地整治中宅基地的退出激励机制——以安徽省为例》,载《政法论坛》2015 年第 4 期。

② 吴芳芳:《构建农村宅基地退出机制困境分析从户籍制度角度研究》,载《中国市场》2016 年第 3 期。

所有，作为宅基地实际使用者的农民享有的是使用权，属于物权法中用益物权的一种。在宅基地的退出过程中，也存在集体经济组织、农民、政府的三方关系。从集体经济组织来看，根据我国《确定土地所有权和使用权的若干规定》第 52 条及《土地管理法》第 65 条的规定集体可以对“空闲或房屋坍塌、拆除两年以上未恢复使用的宅基地”，“因撤销、迁移等原因而停止使用的土地”收回使用权。但是，在实践中可以看到，收回宅基地会产生各种费用，而这些费用必须由集体来负担。而目前我国农民集体经济组织的经济实力普遍较低，根本无法承受收回宅基地的各种费用，因此，集体经济组织不会也不可能作为宅基地退出的主体。地方政府作为土地的管理者，更不应该成为宅基地退出的主体，因为其既不是宅基地的所有权人，也不是宅基地的使用权人，只是基于法律规定的职责对宅基地进行管理、规划。基于物权法规定的宅基地使用权属于用益物权的特性，在物权由“所有到利用”的发展趋势之下，某一项实体权利的行使最终也将变化为实现某种价值的经济权利。[①] 农民作为实际的权利享有者，应该获得由此带来的更大的经济收益。因此，笔者认为，作为宅基地使用权拥有者的农民应该成为真正的宅基地退出主体。

（三）退出的客体：宅基地上的权利

从字面含义和退出的表面上来看，农民退出的是其享受的宅基地本身，即农民不再在宅基地上进行基本的生产和生活，放弃了原有的生活空间。但是，通过对退出过程的考察可以发现，农民所失去的仅仅是权利本身，而不会造成宅基地本身的灭失。即便农民已经完全退出现有的宅基地，宅基地本身还是存在的，只

① 梁慧星：《中国物权法研究》（上），法律出版社 2001 年版，第 6 页。

不过可能会以别的方式和途径来继续使用,因为土地本身不会消灭。因此,宅基地退出实际上是农民所享有的宅基地上权利的消灭,这些权利包括宅基地本身的使用权,还有宅基地上建造房屋的所有权。

(四)退出的目的:节约土地

坚持集约节约利用土地,坚持严格的耕地保护一直是我国作为传统农业大国的基本国策。而目前大量农村宅基地由于"一户多宅"、超标建设等问题,导致了很多宅基地闲置和对耕地的侵占,不利于我国耕地保护和节约利用土地目标的实现。因此,宅基地退出可以有效地节约土地,尤其是闲置宅基地的退出,更可以增加农民建设用地和耕地的数量。根据国土资源部在2000年制定的《全国土地开发整理规划》统计,通过对我国现有农村居民点逐步实施迁村并点、治理"空心村"退宅还田等各种方式,可以增加有效耕地约286.67万公顷(4300万亩)。也有学者统计,杭州市农村户籍人口313万人,按照10%的闲置率、人均45平方米的用地标准测算,宅基地的退出可以减少近1400公顷的建设用地。从目前杭州的城市化率56%(按户籍人口计算),到2020年要达到75%,这就意味着全市将有140万农村人口进城镇,退出的宅基地可带来近6300公顷补充耕地或城乡建设用地增减挂钩潜力。①

二、闲置宅基地的有偿退出机制

闲置宅基地的有偿退出,是指农村集体经济组织和地方政府可以根据有其他稳定居住条件的宅基地使用权人的申请,采取宅基地和城市房屋的置换、退出奖励、一次性补助或者城镇购房补

① 张如勇:《构建农村宅基地有偿退出机制研究》,载《新农村》2015年第1期。

贴等方式协商收回空闲或者多余的宅基地。闲置宅基地的有偿退出，重在"有偿"二字，即不能让农民在没有其他任何利益保障的前提下退出其赖以生存的宅基地，必须以与农民宅基地等价的其他利益进行交换，在尊重农民意愿的前提下进行退出。与此相适应的就是闲置宅基地的退出机制，这种机制是以闲置宅基地的退出行为为中心，是在与农民进行协商的前提下，在相关法律规定或自由交易的情况下，各类相关制度之间的协同构建及其相互之间的协调运作制度。建立退出机制的主要目的是推动闲置宅基地退出行为的顺利进行，达到提高土地利用效率和节约土地资源、保护耕地的效果。与闲置宅基地的退出机制相关的主要包括户籍制度、社会保障制度和土地规划与开发利用等制度。

第二节　闲置宅基地退出的主要规定与地方实践

一、闲置宅基地退出的相关规定

虽然中央《深化农村改革综合性实施方案》中指出，探索宅基地有偿使用制度和自愿有偿退出机制。但是截至目前，我国并未专门出台针对农村宅基地退出的政策或者文件，更没有专门针对农村闲置宅基地的退出规定，只是在相关的法律或者文件中包含农村宅基地退出的相关内容。主要有以下规定。

（一）国家层面的规定

1. 2000年中共中央、国务院《关于促进小城镇健康发展的若干意见》（中发〔2000〕11号）中明确指出，要通过各种措施鼓励农民进镇购房，或者按规划集中建房居住。对分散建房的宅基地要严格审批。对进入城镇居住农户的宅基地，要通过置换等方式腾退出来,防止对宅基地的闲置和浪费。节约的宅基地可用于发展小城镇建设用地。

2. 我国《土地管理法》规定:(1)"一户一宅"。一户村民只能有一处宅基地。(2)宅基地面积不得超标。具体面积由各个地方根据实际情况进行规定。(3)村民建造住宅,尽量使用原有的宅基地和村内空闲地,同时必须符合乡(镇)土地利用总体规划。(4)履行严格的审批手续。由本人提出申请,经过乡(镇)人民政府审核,最后由县级人民政府批准。(5)对于出卖、出租已建住房的村民,如果再次申请宅基地的则不予批准。

3. 2004 年国土资源部发布了《关于加强农村宅基地管理的意见》(国土资发〔2004〕234 号),该意见明确规定:(1)要加大盘活存量建设用地力度。(2)各地要结合本地实际情况,积极组织开展闲置宅基地、空置住宅、"一户多宅"、"空心村"的调查和清理工作。(3)对"一户多宅"、空置住宅和闲置宅基地,各地要鼓励农民腾退多余宅基地,制定相应的激励措施。(4)凡新建住宅以后应该退出老旧宅基地的,要采取签订合同等各种有效措施,确保能够按期拆除旧房,退出老旧宅基地。

4. 2008 年国务院发布的《关于促进节约集约用地的通知》(国发〔2008〕3 号)规定:(1)农民住宅建设要符合乡镇规划和村庄规划。(2)农民住宅建设用地要先行考虑安排利用村内的闲置宅基地和村内空闲地。(3)对村民自愿腾退宅基地,或符合新建宅基地申请条件而自愿购买空闲住宅的,各地政府可以根据实际情况给予补助或者奖励,引导农民自愿退出。

5. 2009 年国土资源部发布《关于促进农业稳定发展农民持续增收推动城乡统筹发展的若干意见》(国土资发〔2009〕27 号)提出以下几点意见:(1)对于通过整理所节约的农村建设用地和

宅基地等土地，要首先采取复垦措施，转化为耕地。(2)对于调剂为建设用地的土地，应该符合土地利用的总体规划，要纳入年度土地利用计划管理，用于优先发展农村基础设施和公益事业的建设。(3)用于其他建设的，依照法律规定办理相关的用地手续，并缴纳有关税费。所得收益要反哺农村，严格用于土地整理区内的基础设施建设，促进城乡统筹发展。(4)对“一户多宅”、超标准占用宅基地的，如果依法应退而不退的，实行有偿使用，逐步形成超标宅基地退出机制。

(二)地方政府的规定

1. 重庆市。《重庆市户籍制度改革农村土地退出与利用办法(试行)》(渝办发〔2010〕203号)规定，宅基地退出适用于自愿退出其农村住房及宅基地转为城镇居民的农民。坚持统筹规划、依法自愿、合理补偿、统一管理、用途管制原则，适用严格的程序依法退出宅基地。重庆市这次的统筹城乡户籍制度改革，农村土地是核心。在农民自愿退出宅基地、林地、承包地的同时，让农民享受城市社保、教育、就业、住房、医疗等保障政策。而且规定了3年的过渡期，在这3年内，农民可以继续保留对承包地和宅基地的使用权和收益权。这次改革被称为是我国几十年以来改革规模最大、户籍制度和其他配套制度设计最完善的一次改革，也是影响最深的一次土地改革。①

2. 成都市。成都市作为全国统筹城乡综合配套改革试验区，已经进行了大量宅基地退出的实践，取得了一定的成效。(1)2006年成都市温江区发布《关于鼓励农民向城镇和规划聚居

① 刘润秋：《中国农村土地流转制度研究——基于利益协调的视角》，经济管理出版社2012年版，第234页。

区集中的实行意见》,实行宅基地的“双放弃”模式。(2)成都市国土局发布的《关于完善建设用地指标交易制度促进农村土地综合整治的实施意见》,对农村土地实施“持证准用”制度。在“持证准用”规则下,无须先行持有“地票”,开发企业在拍地成功后,必须有相应的建设用地指标才能签约进行交易。(3)2013 年邛崃市政府在芦山地震后颁发的《关于加快“4·20”芦山地震灾后农村住房重建的实施意见》中提出了货币补偿化模式。2011 年金堂县政府颁发了《金堂县农村集体建设用地收购储备管理暂行办法(试行)》,实行了宅基地退出的土地储备模式。①

3. 安徽省。安徽省在 2016 年 2 月发布的《关于加强农村宅基地管理工作的通知》(皖国土资〔2016〕4 号)中,从四个方面规定了宅基地退出激励政策:一是对村民自愿退出因历史原因而多占超标的宅基地,由村民小组对村民予以适当补偿。村民小组没有资金能力补偿的,由市或县级人民政府给予奖励。二是村民自愿退出全部宅基地,或符合宅基地申请条件但自愿放弃宅基地申请的,由市或县级人民政府给予其奖励,并将拟奖励的资金实行集中管理,在村民购买当地城镇住房时一次性发放给村民。三是为了保障奖励资金来源,规定市、县人民政府要设立专门的退出宅基地奖励资金。退出的宅基地复垦为耕地后形成的新增建设用地指标收益和新增耕地占补平衡指标收益,要优先用于对退出宅基地农户的补偿或奖励。四是退出的宅基地复垦为耕地的,原使用该宅基地的农户有优先承包经营权。强调农村退出宅基地必须以保护农民的财产权、尊重农民的意愿为前提有序推进,严

① 刁其怀:《宅基地退出:模式、问题及建议——以四川省成都市为例》,载《农村经济》2015 年第 12 期。

禁搞强迫命令，严禁以退出宅基地作为农民进城落户的条件。

二、闲置宅基地退出的地方实践

虽然2015年中央以文件的形式明确，可以实行宅基地自愿有偿退出的宅基地制度改革，但是很多地方政府基于自身发展的需要已经开始了一些积极有益的探索和实践。

（一）天津市的宅基地换房

天津市从2005年开始的宅基地换房改革，是以农民自愿退出宅基地与房屋的所有权为基本前提，按照政府规定的置换标准，统一置换为城镇住房，从而获得新建城镇房屋的所有权。主要的做法为：首先，由基层乡镇人民政府编制详细的乡镇规划，包括城镇建设总体规划、土地整理复耕规划、村庄规划等，报上级人民政府批准。其次，由镇政府制定置换的具体政策。镇政府结合本地情况制定出换房的政策、标准和相关就业、社保、医疗等配套措施。天津市确定了宅基地置换的两个标准：一是以户籍人口数为基准，即30平方米/人的标准；二是以宅基地上房屋的面积为标准。其中主房的面积按照1∶1置换，附房面积按照2∶1置换，庭院面积不予补偿。置换以后的配套措施主要是由政府出面解决农民就业，主要工作是物流、安保、保洁等，同时加大对农民的职业技能培训。最后，签订置换协议，实行宅基地的置换。对于农民退出的宅基地则由政府统一复耕，变为耕地后进行占补平衡。

（二）成都市的退出模式

成都市的宅基地退出模式主要有五种，分别是“双放弃”模式、土地综合整治模式、地票交易模式、货币化补偿模式、宅基地收储模式。（1）“双放弃”模式是2006年成都市温江区规定的。鼓励农民自愿放弃耕地承包经营权和宅基地使用权，进入城镇实行集中统一居住,按照人均35平方米左右的标准予以置换城镇住房。通过土地承包经营权交换城镇社会保障。但这种做法已于2008年停止使用。(2)土地综合整治模式,是指按照城市规划的总体要求,通过工程措施对整个整治区域内的村庄、田地、水域、路面等进行综合整治,包括农地整理项目和建设用地整理项目。建设用地整理项目主要针对农村宅基地,以及农村宅基地的附属设施、农村集体建设用地。其中,宅基地整治是重点整治对象,通过对农村宅基地的整理,使农民自愿退出宅基地。(3)地票交易模式。2010年成都市出台了地票交易政策,地票交易的本质是农村土地发展权的转移,是实现城乡建设用地增减挂钩和耕地的占补平衡。通过对宅基地农村建设用地的整理和复垦,然后减去农民集中安置建房用地所占的土地,其他结余的土地通过建设用地指标来增加城市的建设用地。但是,2010年12月国土资源部叫停了成都的地票交易。2011年成都市国土局又发布了《关于完善建设用地指标交易制度促进农村土地综合整治的实施意见》,规定不再实施"持证准入",改为了"持证准用"。虽然一字之差,但做法不同。具体是指在房地产开发企业拍地时,无须先行持有"地票",在拍地取得相应的建设用地指标以后才能签约。(4)货币化补偿模式。2013年成都市邛崃市制定了《关于加快"4·20"芦山地震灾后农村住房重建的实施意见》,规定了引导农民自愿有偿退出宅基地的措施,主要是采取集中安置和货币补偿等方式。对农民退出的宅基地,一次性按照每亩30万元的标准给予货币补偿。另外,根据农民实际购买商品房的面积大小,再给予房价总款大约1%～1.5%的购房补贴。对于那些选择不在政府规划区内统一购房居住的农民,退出的宅基地一次性按照每亩10万元的标准给予货币补偿。(5)宅基地收储模式。

收储的主要目的是提高集体土地利用效率，主要是因为宅基地闲置、超标等粗放利用情形，造成土地的浪费。成都市金堂县参照国有土地储备模式，出台了《农村集体建设用地收购储备管理暂行办法》。由县土地储备中心将该县符合条件的农村集体建设用地（含宅基地）纳入收储和托管，并具体负责实施。土地收购价格由土地储备中心与集体建设用地（含宅基地）的使用权人双方平等协商，合理定价。或由土地储备中心通过市（县）农村土地产权交易所、县国土局发布有关流转信息。待市场交易成功，政府扣除相关税费后，将流转收益返还给原集体建设用地使用权（建设用地指标）的单位和个人。①

（三）安徽省的退出模式

安徽省也在积极实践农村宅基地的退出，主要有以下三种做法：(1)马鞍山模式。马鞍山市各县区开展的宅基地退出行动主要有以下特点：第一，坚持集体启动原则，即由集体经济组织自愿向政府申请立项。第二，不对退出的宅基地进行补偿，只对现有房屋按规定标准补偿。第三，补偿方式的可选择性，补偿方式主要包括货币安置和住房安置。退出农民可以根据自我经济状况进行自由选择。第四，由政府出资完成。第五，对农民提供相应的社会保障。(2)宁国模式。宁国市于2013年9月出台了农村宅基地退出办法。主要特点：第一，实行农户申请启动。由农户向乡镇政府提出申请。第二，补偿合理。对于符合法律规定依法取得的宅基地，按照每亩4万～6万元进行补偿；对于超占用的宅基地，自愿退出的可以按照每亩2万～3万元进行补偿。第

① 刁其怀：《宅基地退出：模式、问题及建议——以四川省成都市为例》，载《农村经济》2015年第12期。

三,补偿方式的可选择性。可以申请货币化补偿,也可另行申请宅基地集中居住。(3)凤台模式。凤台模式的退出主要存在建设用地指标增减挂钩项目的实施中。主要实行集体启动原则,由集体自愿申请;同时,只进行房屋的补偿而不对宅基地进行补偿。①

(四)重庆市的退出模式

2007 年重庆市被国务院授权进行全国统筹城乡综合配套改革。以此为契机,重庆市积极着手探索农村土地改革。针对农村宅基地退出,重庆市制定了《重庆市户籍制度改革农村土地退出与利用办法(试行)》(渝办发〔2010〕203 号),并以此为基础和骨干,又制定了一系列的配套政策。宅基地退出适用自愿退出农村住房及宅基地转为城镇居民的农民,坚持统筹规划、依法自愿、合理补偿、统一管理、用途管制原则,适用严格的程序依法退出宅基地。农民退出宅基地的程序主要是:(1)由愿意转户的农民向原户籍所在地提出退地的申请。政府受理以后组织相关部门开展测量考察工作,形成宅基地退出的基本数据。(2)将这些材料在集体经济组织内张榜进行公布。如果没有人提出异议,则与申请退出的农户签订宅基地退出协议。(3)由区县国土部门对退出进行审核。审核完成以后,再向退出宅基地的农民支付价款。(4)同时对农民实行补偿安置,纳入城镇社会保障体系,根据重庆市"落实地票价款溢价分配政策",农户与集体经济组织应得价款按 85∶15 的比例分配(具体流程见图 1)。据估算,在地票政策出台以前,每亩宅基地流转的收益仅几千元。但有了地票制度以后,每亩退出的宅基地收益基本稳定在 20 万元左右。不仅有

---

① 汪莉、尤佳:《土地整治中宅基地的退出激励机制——以安徽省为例》,载《政法论坛》2015 年第 4 期。

了明显的增值，符合农民的心理预期利益，而且为农民进城落户安家居住并融入社会提供了非常重要的基础保障。①

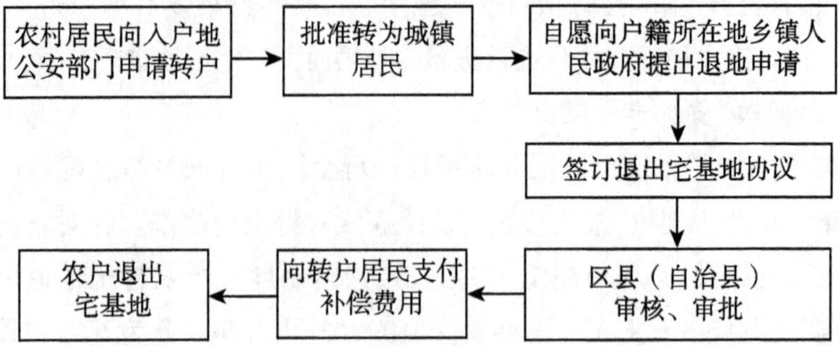

图1　农村宅基地及建(构)筑物退出的具体流程②

(五)南京市的退出模式

2013年南京市国土资源局发布的《南京市农村宅基地有偿退出与利用暂行办法》，提出宅基地退出的基本原则是坚持“依法自愿、合理补偿、统一管理和统筹推进”，依法退出宅基地。具体包括：(1)宅基地退出的适用范围，主要是中心城区以外的宅基地，而且是不符合土地综合整治条件的农村宅基地。(2)如果在同一集体经济组织内，部分农户愿意退出，而部分农户不愿意退出的，由自愿退出的部分农户自行与集体经济组织就宅基地退出的条件、价格和补偿的方式等进行协商。退出以后的宅基地由集体经济组织按照规定统一经营并组织利用。(3)如果集体经济组织的农户都愿意统一申请退出，集体经济组织要广泛征求所

① 韩启德：《探索进城落户农民宅基地有偿退出机制》，载《人民论坛》2015年第4期。

② 《重庆市户籍制度改革农村宅基地退出与利用政策解读》，载重庆市国土资源与房屋管理局公众信息网：http://www.cqgtfw.gov.cn/gzdt/td/201008/t20100812_153644.html，最后访问日期：2016年3月13日。

有成员意见,并经公示没有异议后,由集体经济组织统一向乡镇提出申请,经上级批准后开展相关的宅基地退出与补偿工作。南京市宅基地退后的安置方式主要是货币补偿、安置房和标准厂房(或经营性用房)3 种形式。对进城落户农民自愿退出的闲置住房和宅基地给予补偿的具体标准,由集体经济组织参照征地拆迁补偿安置标准或市场评估的价格予以合理确定。[①]

第三节　闲置宅基地有偿退出的问题及其影响因素

一、有偿退出存在的主要问题

(一)农民主体地位的缺失与利益的受损

在宅基地退出过程中,存在三方主体,分别是作为土地管理者的地方政府、宅基地所有权人的农村集体经济组织和宅基地使用权人的农民。从目前的实践来看,我国大部分地区的宅基地退出都是由政府主导进行的,农民自己主动申请退出的较少。

地方政府积极推动宅基地退出的主要原因包括以下两点:第一,基于中央政府的压力和自身的政治利益考虑,积极推动宅基地的退出。党中央、国务院一直反复强调耕地保护和节约利用土地,通过法律、文件、通知等各种形式反复给地方政府施压,要求坚守耕地红线,节约集约充分利用土地。同时,要求不断改进农村生活环境,加快推进新农村建设,统筹城乡发展,这些都是地方政府在发展过程中需要不断完成的工作。对于地方政府而言,在

① 刘桂峰:《我国农村宅基地有偿退出问题研究——以南京市的实践为例》,载《天津农业科学》2015 年第 4 期。

目前中国的体制之下,政府官员的政绩评价、考核以及升迁并不是由人民决定的,而是由其上级主管部门甚至某个官员来决定的。因此,地方政府及其官员为了获得更多的政治资本以便尽快升迁,就会通过各种手段来取得上级政府的信任、鼓励和赞誉,以为其日后升迁积累良好的政治资本。而闲置宅基地的退出不仅可以改变农村生活,完成社会主义新农村建设的政治任务,还可以获得上级主管部门甚至中央的肯定。比如,天津市和重庆市的改革探索都曾得到了中央国土资源部的表扬。第二,获取经济利益。随着经济的快速发展和人口的不断流动,城市规模越来越大,就需要越来越多的建设用地。而由于耕地保护政策的限制,地方政府能够提供给开发商用于建设的土地越来越少。通过几十年经营土地的经验积累,地方政府非常清楚土地财政的重要性,也非常清楚土地财政能带来的巨大利益。面对大量闲置的农村宅基地,地方政府努力通过各种手段来使其发挥价值的最大化。通过闲置宅基地的退出,地方政府可以获得大量的建设用地,继续维持其土地财政的目标。据有的学者估计,仅成都市就有约30万亩的宅基地可以用于整理。一旦这些宅基地变为政府的建设用地,按照每亩30万元的价格,政府就可以获得900亿元的财政收入。[①] 因此,对于地方政府来讲,闲置宅基地所蕴含的巨大经济利益也是促使其进行整治和退出的重要动力。

相比地方政府主导宅基地退出的巨大动力,农民对于宅基地退出也有自己的考虑,即是否能够通过宅基地的退出给自己带来利益的最大化。因为宅基地和承包地是农民最重要的财产,尤其

① 刁其怀:《宅基地退出:模式、问题及建议——以四川省成都市为例》,载《农村经济》2015年第12期。

是宅基地,是农民安身立命之本,是农民的“命根子”。如果没有宅基地,那么承包地就很难继续经营了。但是,在目前的宅基地退出过程中,由于政府主导下政府部门的强势,迫使农民被动退出,农民作为宅基地使用权主体的地位无法体现,只能按照政府统一设置的条件和标准进行退出,是对农民自由权利的一种限制,也会对农民利益造成极大的损害。“公权力对于私权利的过度限制,由此导致的农民土地根本权利的残缺不堪和独立法律人格的渐渐缺失。”①有学者研究表明,在实行宅基地退出以后,农民的政治权益、经济状况、社会保障、社区状况和心理预期等都会不同程度的受到影响,大部分指标都在下降,受损害最严重的就是农民的经济利益和社会保障利益。②

(二)宅基地退出的补偿标准和程序混乱

在已有的宅基地退出试点中,不同地区对于补偿的标准、方式和程序的设置也有不同的规定。从实践来看,主要存在两个问题。

1.缺乏统一的补偿标准

在补偿标准的设置方面,根据补偿模式的不同,存在的问题也不一样。

在采取货币补偿的模式下,主要问题是宅基地以及宅基地上建造的房屋如何补偿。是采取补房不补地,还是房和地一起补?目前各地做法不一。有的只补房屋的价值,不补宅基地的价值,有的是实行房和地一起补偿。在只就房屋的价值进行补偿时,有

---

① 喻文莉:《转型期宅基地使用权制度研究》,法律出版社2011年版,第232页。

② 黄贻芳:《农村宅基地退出中农民权益的保护问题研究——以城乡建设用地增减挂钩政策为背景》,华中农业大学2014年博士学位论文,第72~73页。

的地方只补正房的价值，对于侧房以及其他用房也不予补偿。而从农村的实际情况来看，大部分农民的房屋可以分为居住用的正房和用于存放其他生活生产设施以及为进行养殖而建造的其他用房。而且，往往居住用房的正房数量较少，面积也较小。因此，就单纯补偿房屋的模式下，对农民是不公平的。另外，对于房屋的补偿标准也没有明确的规定。根据我国《土地管理法》的规定，在集体土地的补偿中，都按农用地前 3 年平均年产值的一定倍数支付土地补偿费。在目前我国农民土地年产值比较低下的情况下，这一标准缺乏可行性。而且，房前屋后树木和杂物间等附属设施基本不补偿，与国有土地上房屋拆迁补偿相比，标准偏低，难以对农民利益形成强有力的保护。

在采取置换和统一安置的模式执行时，也存在置换和安置房的面积如何与原有宅基地面积合理安排的问题。是按照原有宅基地的面积进行统一置换，还是按照安置原有房屋的面积进行置换，还是由政府统一制定安置标准，各地也有不同做法。有的地方是以旧的宅基地面积置换政府统一规定面积的宅基地，然后自建住房，由政府对自建房屋进行补贴。有的是实行以成本价购买集中居住区规定面积的产权房屋。

但是，采取第一种自建模式存在的一个显著问题就是对于旧宅基地面积的认定。在大部分农村，农民原有的宅基地经过几十年的发展，加上乱建、扩建等原因，面积大小一样，大部分都有超过规定标准面积的宅基地。对于超标的宅基地是否需要补偿，如何补偿，各地也有不同的做法。这也涉及农民认为的公平问题。比如，有的农户的宅基地没有超标，有的有超标，如果对超标的宅基地也予以补偿，一方面是对没有超标农户不公平，另一方面可能会造成变相的鼓励违法超标占用宅基地的现象。还有一个问题是政府提供的统一安置的宅基地都是相同面积和样式,缺乏选择性,无法完全满足农民的生产和生活需要,会导致农民自发地寻求新的生产和生活用地的现象,这样会对耕地造成更大的浪费。在采取第二种购买模式的情况下,则忽略了农民经济能力的差异,对于家庭经济条件不好的农户来说,可能无法承受置换新房以后所带来的生活压力,如水费、电费、物业费等各种新的支出。

2. 缺乏统一的补偿程序

我国《土地管理法》仅规定了集体经济组织对于宅基地的收回以及拆迁情况下的补偿问题,但没有就具体的程序作出任何明确的规定。2007 年我国《物权法》对宅基地问题采取了回避的态度,只是规定适用国家关于土地管理的相关法律。实践中大部分地区也是根据前面的退出模式不同而设置不同程序。从各地的实践来看,有的是单纯就退出程序作出了简单的规定,有的是和其他制度一起规定,如重庆市的宅基地退出就和户籍改革联系在一起。因此,目前关于宅基地退出还缺乏相对统一、公平、透明的程序。对于广大农民来说,他们不仅关注最后现实利益的结果正义,而且更加重视利益分配的程序正义。

(三)缺乏相关衔接机制

在前面的论证中笔者提到,影响农民宅基地退出意愿的因素之一就是相关配套机制是否健全,如就业问题、医疗问题、社会保障问题、子女教育问题等。而从目前的规定和实践来看,对相关机制的构建和完善还存在很大的缺失,导致农民在宅基地退出中存在顾虑。社会保障制度是生存权的基本要求,全体国民的基本生存与生活需要都需要由国家和人民政府通过社会保障制度来进行照顾和安排。社会保障制度也是实现全体人民生产和发展基本权利的主要途径和方式。社会保障是历史文明发展和社会进步的表现,更是现代国家社会经济发展制度中不可缺少的重要组成部分。通过有效的社会保障可以实现整体上的社会公平。[①]我们可以看到,政府为了保障城镇居民的生活,出台了一系列如限制房价、不断提高最低工资水平和最低生活保障等政策措施,但对于农村和农民权利的保护及其相关配套制度改进却不够,如最低生活保障的城乡差异、户籍管理的差异、医疗条件和医保水平的差异、教育资源的差异等问题,这是城乡二元化长期发展的必然结果。

在宅基地退出过程中,相关制度的缺乏主要有:(1)最重要的就是户籍制度改革的落后。由于城市户口和农村户口的长期划分,导致同样作为中国人的城里人和农村人所享受的基本生存保障完全不同。农民只能依靠土地进行自我保障,但是城镇居民可以依靠国家和政府生活。在退出宅基地的情况下,如果不能很好地解决农民的户籍问题,就是对农民利益的一次损害甚至是对农民现有土地利益的直接剥夺。重庆和成都在这方面已经进行了相关的改革探索,取得了一定的成果。(2)未来生活保障制度的缺失。政府部门只是考虑现有房屋和宅基地价值交换问题,通过货币或者异地安置等置换办法来使农民退出宅基地,而对农民以后长期发展所需要的生活保障等制度考虑不足。农民在原有宅基地上可以年复一年地进行耕作生活,满足其基本的生存需求,但在宅基地退出之后,农民面临的首要问题就是如何获得稳定的生活来源,尤其是年老了以后怎么办,仅靠宅基地退出时的

① 宋士云:《中国农村社会保障制度结构与变迁:1949—2002》,人民出版社2006年版,第8页。

补偿显然无法长久维持其生活水平。此外，还有医疗问题、子女就业问题等都缺乏统筹考虑。如果没有相应的保障机制改进，那么很多农民一旦失去土地就失去了最基本的生存保障，会对社会发展造成不利影响。(3)对乡村文化建设关注较少。由于长期的历史发展，我国农村形成了很多优良传统、乡村文化和温情的人际关系，这些都是深深扎根于农村之中的精神财富。一旦退出宅基地，就会对这些传统的乡村文化造成破坏。但是，在新农村建设和宅基地退出过程中，政府过于关注乡村的整齐划一形式主义的东西和土地所带来的经济价值等问题，对农村文化建设政策支持和培育较少。

(四)缺乏退出宅基地的后续治理

从政府的角度来看，推进闲置宅基地退出的主要目的就是将这些宅基地再利用，从而获得更多的土地财政和收益。但在实践中发现，在宅基地退出以后，由于地域差异和土地本身的状况，需要投入大量的资金对退出的宅基地进行综合治理，无论是复垦为耕地，还是改变为建设用地，都需要政府的投入。由于各地经济发展水平的差异导致地方政府财政收入的不同，如西部经济欠发达地区的地方政府和东部经济发达地区的地方政府收入差距较大，也会导致政府在土地整治的投入力不从心，使退出的宅基地再次被闲置和浪费，缺乏相应的治理和整治措施，造成了更多的土地浪费。在笔者调研的古浪县发现，在进行宅基地退出以后，政府并没有对原有的宅基地进行复垦或者实施其他整治措施，而是任其荒废。而且，随着农村宅基地的退出，导致农民与经营原有承包地的距离增加，成本增大，很多农民放弃了对承包地的经营，造成了宅基地和承包地的双重浪费。

二、闲置宅基地有偿退出的影响因素

由于目前我国宅基地退出还处于试点阶段，各地已有的宅基地退出模式、实践做法以及宅基地有偿退出的程度也不一样。通过对比上述各种模式和做法可以发现，各地都有一些影响宅基地退出的因素，而这些因素也可以为以后闲置宅基地退出提供参考和借鉴。学者对此也做了很多研究，有学者认为，宅基地的禀赋效应、农户的个体特征、农户认知的锚定心理、农户的现状偏见、未来状态的不确定性厌恶以及群体社会性特征对闲置宅基地的退出都有影响。① 也有学者通过对江苏省调研得出结论，认为影响农民宅基地退出意愿的因素有农民受教育程度、农民对宅基地产权归属和认知、家庭所在区位性质、农地流转情况、农户家庭类型、家庭规模及受访者年龄等因素。② 有学者认为，家庭是否有其他住房、农户的收入水平、农户是否有多处宅基地等因素对农民的宅基地退出意愿有显著的积极影响，而房产和宅基地是否确权对农民宅基地退出意愿有显著的消极影响。③ 有学者分析了不同类型农户对宅基地的态度、谋生的主要方式、宅基地的利用现状等因素对宅基地有偿退出的影响。④ 结合笔者自己的调研和学者的总结，认为影响闲置宅基地退出的主要因素包括以下几点。

---

① 杨玉珍：《农户闲置宅基地退出的影响因素及政策衔接——行为经济学视角》，载《经济地理》2015 年第 7 期。

② 诸培新、叶琦：《农户分化下农民宅基地退出意愿差异性研究——基于江苏省 886 个样本数据》，载《农林经济管理学报》2015 年第 3 期。

③ 杨璐璐：《沿海地区农民宅基地退出意愿的实证分析——以福建省晋江市为例》，载《财经问题研究》2016 年第 1 期。

④ 王静、于战平、李卉：《农户宅基地退出意愿及其影响因素分析——基于王口镇和独流镇的调查》，载《农村经济》2015 年第 1 期。

（一）启动主体不同的影响

目前，我国不同地方对于宅基地的退出采取不同的启动方式。比如，有的地方是由政府主导，有的是农户主动，有的是集体统一申请退出。在政府主导型的宅基地退出中，政府都有某种动力，一方面，可以通过宅基地退出获得更多的建设用地指标，进而获得更多的土地收益，推动地方经济社会发展；另一方面，也可以通过闲置宅基地治理完成新农村建设、城乡统筹发展等政治任务。但是，政府主导下的农村宅基地退出不仅会导致农民对现有生活方式的放弃，也会使土地用途发生转变，更重要的是涉及土地所有权关系的更迭，形成地方政府、村集体经济组织和农民等多方利益主体之间的复杂利益关系，引发纠纷和矛盾。但政府引导型的模式也有优势，即可以利用政府的资金和权力优势快速推进宅基地的退出。而由集体经济组织和农户提出申请则更加符合农民自愿的原则，也符合个体利益最大化的原则。只要符合政府规划和用途监管，还是应该以集体或者农户提出申请为主要退出模式。

（二）补偿标准和方式的影响

目前，我国宅基地退出的实践对退出宅基地的补偿标准和方式也各不相同。综合来看，关于补偿标准主要有两种：一是补房不补地；二是房地一起补。关于补偿方式也主要有同等置换、货币补偿两种方式，个别地方还存在用经营性用房补偿的方式。在进行宅基地退出的过程中农民首要考虑的因素就是现有的宅基地能够换来多少预期的收益，会考虑一旦宅基地退出，未来生活的水平和现在相比会发生什么变化。任何人都希望明天会过得更好，尤其对于在农地里每天辛勤劳作的农民而言，更希望过上城里人一样的好生活。因此，其实补房不补地或者房地一体补都不重要,关键是要使农民觉得划得来,能够使他觉得用现有的宅基地可以换来更加美好的生活。另外,在退出过程中,农民也会考虑公平公正的问题,尤其在政府主导型的退出模式中,农民会进行比较,就是看自己的补偿和别人的补偿是不是一样公平公正。如果能做到公平公正,那么农民的退出意愿应该比较高。

(三)配套措施的完善与否

农村宅基地基于其本身的特质,具有身份性、无偿性和社会保障性。对于农民来说,宅基地是其赖以生存发展的基础,无论他走到哪里,都会对自己的那块宅基地怀有深深的眷恋。尤其是随着城市化的发展,大量农民进城打工,但是在城市里又无法享受如医疗、就业、子女教育、最低生活保障等相应的社会保障。一旦在城里无法继续谋生,农民还可以依靠自己的宅基地,可以说这是他们生活和生存的最后一道保障,也是农村社会稳定的基石。因此,在进行宅基地退出时,农民会考虑退出后的配套措施能否保证他们最基本的生活和生存,如就业问题、医疗问题、子女教育问题等。如果宅基地退出以后的配套措施相对完善,能够顺利衔接,那么农民肯定愿意退出。但是,在目前我国社会保障体系还没有完全建立的情况下,农民退出宅基地的意愿会受很大影响。

(四)宅基地所处位置的影响

在宅基地退出的实践中,很多地区都会对宅基地进行分类,然后制定出相应的退出政策。这是因为宅基地所处的区位、地域和当地的经济发展水平都会对宅基地的退出有影响。有学者研究认为,经济欠发达与偏远农村地区不同的位置和区域对宅基地退出的影响也不一样。相对于经济发展较快地区和发达地区的宅基地,经济发展落后和偏远地区宅基地价值更低,可利用性更差。因此，无论是政府还是农民本身都没有足够的动力进行退出宅基地的尝试。即使是同一地区的宅基地，距离中心城区位置的远近也会影响其利用价值和退出的可能性。相比而言，城郊的闲置宅基地退出的可能性更高，也有足够的动力促使政府采取各种措施进行退出，农民也有较强烈的意愿进行退出，以期获得更好的城市生活。但是，远离城市中心的便宜地区的宅基地退出的可能性较低。

(五)其他因素

影响宅基地退出的因素除上述的主要因素外，还有学者提出如农民的年龄、农民的受教育程度、打工地点的远近等因素也会影响宅基地的退出。从年龄的影响来看，笔者认为，有一定的影响但是不会很大。固然，农民年龄越大，可能对其生活的宅基地更有情感上的依赖，乡土情结更加浓厚。但是，随着现代经济发展水平的日益更新和文化生活的日益丰富，农民所接触到的信息量也越来越大，也会逐渐淡化这种影响。至于受教育程度和打工地点的远近，笔者认为基本不会造成影响，因为农民打工的远近并不会影响其对宅基地依附价值高低的判断。同样，农民受教育程度也和其所期待的利益没有任何关系。

第四节 闲置宅基地有偿退出的合理性分析

一、闲置宅基地退出立法取向的合理性分析

(一)城镇化快速发展的现实需要

2016 年 2 月国务院发布了《关于深入推进新型城镇化建设的若干意见》明确指出，新型城镇化是一项重要的民生工程，是经

济发展的重要动力,也是现代化的必由之路,是我国最大的内需潜力之所在。该意见也指出,要继续加快推进农村土地的确权登记、颁证工作。各地方要尽快健全农村产权流转的市场体系,探索建立农户对土地承包经营权、宅基地使用权和其他集体收益分配权的自愿、有偿退出机制。支持引导其依法自愿、有偿转让上述权益,从而提高土地资源的利用效率,防止土地的闲置和浪费。

截至2015年年底,我国的城镇化率已经达到56.1%,城镇常住人口达到了7.7亿人之多。整个“十二五”时期,我国城镇化率平均每年提高1.23个百分点,每年城镇人口平均增加2000万人。最新的城镇化规划明确提出,到2020年,我国的户籍人口城镇化率要达到45%,而常住人口城镇化率要达到60%左右。城镇化进程的加快会导致人们对农产品以及住房、公共设施和环境的需求不断增加,也会加剧我国土地资源的供需矛盾。为了缓解这种供需矛盾,要实行严格的耕地保护和节约集约用地。面对我国农村大量的闲置宅基地和其他农村建设用地,实行闲置宅基地的退出既可以满足城镇化不断发展所需的大量土地,也是实现农民财产权益增加的有效手段。

(二)闲置宅基地存在的巨大利用潜力

尽管我国《土地管理法》等规定了“一户一宅”,宅基地面积不得超过地方政府规定的标准,以及无偿取得。但是,现实中大量的宅基地因为各种原因被闲置。目前闲置的宅基地大概占全国闲置宅基地的10%,即大约2400万亩的宅基地被闲置。如此庞大的土地数量,对我国来说是巨大的浪费,也不符合我国实行集约利用土地的总体要求。闲置宅基地的有偿退出可以将这些闲散废弃的宅基地进行集约利用,实行土地的集约化经营,提高用地效益,充分发挥这些土地的潜力。

据学者统计，以2011年为例，各地严格执行《村镇规划标准》所制定的用地标准，全国农村可以节省建设用地304.2万公顷。这足以说明农村建设用地总体上具有较大利用潜力。从地域空间上看，全国农村建设用地利用潜力表现出如下特点：南方利用潜力小于北方利用潜力，山区利用潜力小于丘陵地区利用潜力，丘陵地区利用潜力小于平原地区利用潜力。村庄建设用地潜力越大的地区越应该加强对本地区超标用地违规操作的行为的规制，以便释放农村潜在的建设用地资源。[①] 根据河南省濮阳市国土资源局2011年对河南省农村宅基地的调查，河南省农村宅基地开发利用的综合潜力为27.271万公顷，约合409.065万亩，占全省村庄用地面积的19.76%，占全省农村宅基地面积的28.23%，利用潜力巨大。

(三)实现宅基地用益物权属性的必然要求

土地作为农民的生存之本和发展之源，是农民的根本利益之所在。根据目前我国法律的规定，农民所享有的只是宅基地的使用权，宅基地的所有权属于农村集体经济组织。我国《物权法》明确将宅基地使用权界定为用益物权，农民享有对宅基地进行使用、收益的权利。但由于我国对农村宅基地的保障性制度设计，从而对宅基地的收益权能的实现造成了各种限制，使宅基地的使用权人无法获得应有的收益。一方面，农民对土地的珍惜程度，取决于土地给他们带来的利益的多少。[②] 只要能带来利益，他们就会倍加珍惜。他们不会在意自己是不是有土地的永久使用权。

---

① 杜伟等：《农村宅基地退出与补偿机制研究》，科学出版社2015年版，第235页。

② 张五常：《佃农理论》，商务印书馆2000年版，第116页。

如果不能带来利益，农民宁可让其闲置和荒废。如果作为农民用益物权的宅基地使用权不能给农民带来收益，那在农民看来就是没有任何实际价值的摆设，农民宁可让其闲置。另一方面，“随着农村经济的不断深入发展，农民的生活水平不断提高，农民对于农村土地和房屋的需求已经摆脱了原来基本住房权利保障的考虑，他们更需要将农村宅基地使用权和房屋所有权益资产化，并充分发挥该类资产的收益功能，从而客观上缩小城乡间的贫富差距”。[①] 合理的宅基地有偿退出机制，是有效实现宅基地使用权收益权能的一种比较有效的途径。通过宅基地的退出，农民可以获得宅基地给他们所带来的直接经济利益，不仅可以体现农村宅基地所具有的用益物权属性，而且是保护农民土地利益的根本诉求。

二、集体经济组织的无力购买和社会资本的引入

如前分析，在闲置宅基地的退出过程中，影响退出的一个主要因素就是补偿标准和方式。农民希望获得的是直接的现实利益和经济利益，补偿标准越高，退出的意愿就越大，再加上宅基地退出以后土地整理的费用，这就需要大量的资金支持。而且，农村宅基地的有偿退出和补偿比一般的土地整理难度更大，主要表现为退出搬迁及土地整治的时间长、投资回报的实现周期长、由农村宅基地的分散性所决定的整理难度大以及参与主体多样化。

从目前我国农村的实际情况来看，由于实现家庭联产承包责任制以及市场化的原因，我国许多农村集体经济组织经济实力薄弱，显然无法负担如此高额的补偿费用和土地开发整理资金。宅

---

① 杨遂全、张锰霖、钱力：《城乡一体化背景下农村闲置房屋的出路》，载《农村经济》2015 年第 1 期。

基地退出和补偿资金主要来源于政府的财政资金支持、银行贷款和社会资金。在政府主导的宅基地退出模式下,政府财政资金的投入是宅基地退出和补偿资金的主要来源。但是,由于政府的财政总额是有限的,除了对农村土地治理的投入外,还需要大量的资金对其他市政用途等项目进行统筹安排,这就在无形中形成了竞争,挤压了农村宅基地退出和补偿资金的使用;另外,政府财政拨款也存在拨款时间的滞后问题,不利于农村宅基地退出和补偿的及时进行。在采取银行贷款的模式下,虽然可以获得及时的资金支持,但是银行贷款的申请审批程序复杂,且银行都有还款的期限要求,而宅基地的退出是一个长期的过程,尤其是退出土地的整理过程更需要大量的时间,无法确保宅基地作为资产的快速变现。社会资金的支持对于宅基地的退出具有重要支持作用。

国务院在2010年发布的《关于鼓励和引导民间投资健康发展的若干意见》中明确规定鼓励民间资本参与土地整治,①提出通过“政府主导,国土搭台,部门联动,聚合资金整体推进”的体制进行农村土地的整治。但是,对于如何参与利益分配还没有形成完善的相关制度和机制,主要依赖各个地方的政策。相比这三种模式的资金来源,在政府主导宅基地有偿退出的前提下,应该坚持以政府财政投入为主,银行贷款和社会资金为辅的资金来源支持。由于政府财政投入和银行贷款都有完善的程序设置和要求,因此,应该着重规范社会资金,依靠市场循环机制,尽快完善农村土地利用市场的制度设计,加快农村市场经济的发展,吸引

---

① 国务院《关于鼓励和引导民间投资健康发展的若干意见》(国发〔2010〕13号)(十)中规定:“鼓励民间资本参与土地整治和矿产资源勘探开发。积极引导民间资本通过招标投标形式参与土地整理、复垦等工程建设,鼓励和引导民间资本投资矿山地质环境恢复治理,坚持矿业权市场全面向民间资本开放。”

市场主体,尤其是有资质的房地产企业参与农村宅基地的整理,不断增加资金来源,形成管理科学、运行有序的补偿资金循环体系。①

第五节 闲置宅基地退出的具体制度设计及理由

一、坚持自愿原则,保护农民利益

中央发布的《深化农村改革综合性实施方案》中明确指出,宅基地制度改革中的宅基地退出要实行自愿原则。2015 年中央一号文件强调,不得将农民进城落户的条件与农民土地承包经营权、宅基地使用权和集体收益分配权的退出相挂钩,更不能以退出宅基地使用权作为农民进城落户的条件。作为法律明确赋予农民的基本财产权利,土地承包经营权、宅基地使用权都受到法律的保护。在闲置宅基地退出过程中,无论农民是否还需要利用宅基地来做生存和生活的基本保障,也无论是继续留在农村还是进入城市谋生,非经法定程序和方式,任何人都无权剥夺。

因此,在宅基地退出过程中,一是应该充分尊重农民自我意愿,建立农民意愿的表达机构,畅通农民意愿的表达渠道,赋予农民更多的选择权利。比如,在补偿方式、补偿标准的制定、利益分配的比例等方面充分听取农民意见。可以由农民先在本集体经济组织内部选举代表,然后代表农民与政府就退出等相关问题进行谈判,谈判结果还要经村集体组织全体村民大会进行讨论通

---

① 杜伟等:《农村宅基地退出与补偿机制研究》,科学出版社 2015 年版,第 436 页。

过。而不是完全由政府来进行主导和安排,这会完全剥夺农民对自我利益进行选择和表达的机会。二是政府要尊重宅基地作为用益物权属性的权利,不能强制安排农民进行宅基地退出,不得采取暴力、威胁或者采取断电、断水、切断道路通行等非法方式迫使农民退出宅基地。对于那些不愿意退出的农户,如有的农户经济条件无法承受宅基地退出以后的生活,或者基于养殖等其他原因不愿意离开原来的宅基地等,可以尊重其意愿继续保留宅基地,也可以考虑其实际情况提出更为妥善的退出办法,而不是一味地要求其必须退出。同时,应该继续加快完成农村宅基地的确权颁证工作,使农民能尽快拿到属于自己的权利证书,以便能更好地维护自身利益。

二、制定明确的补偿标准和程序

在农民闲置宅基地的有偿退出中要保护农民利益,除了在农民自愿的前提下进行,最主要的就是制定让农民能够接受的补偿条件。农民退出宅基地时考虑最多的就是如何对其现有的宅基地进行合理的补偿,如果补偿结果能够满足其对未来生活的合理需求,则会积极配合政府进行退出。如果农民觉得补偿较低且未来没有保障,则会消极对待。因此,合理的补偿标准,公平、公开、透明的补偿程序是引导农民自愿退出宅基地的主要保障。

(一)制定合理的补偿标准

合理补偿标准的制定,主要考虑对宅基地本身和对房屋的合理补偿两个方面。在实践中,有的补房不补地,有的则是房地一体补。笔者建议,应该对农民原有的宅基地和房屋实行分别补偿,而且都要进行补偿,不能补房不补地或者补地不补房。如果闲置的宅基地上没有房屋,则只对宅基地进行补偿。

1. 对宅基地的补偿

在宅基地补偿过程中，存在两种情况：一是完全退出宅基地进入城市生活，即所谓的让农民上楼；二是进行新农村建设实行中心村集中居住。

对于让农民完全退出宅基地上楼生活的补偿，笔者认为，应该采取完全补偿原则。即由政府提供完全免费的城镇住房作为宅基地退出的基本条件，具体面积可依据农户人口的多少来决定，按照户均35平方米的标准进行安排。同时，应解决其户口问题，将这部分农民从农村户口改为城镇户口，使其能够享有与城镇居民同样的各种社会保障。但是，对于这部分农民，政府应该进行充分的调研，确保这部分农民有足够的经济能力在城市生活。毕竟，一旦完全退出宅基地，农民将失去生活的最后一道保障，所以，应该谨慎选择和推行。

对于采取新农村建设、实行中心村集中居住的宅基地补偿，则实行相对统一的居住标准，一方面可以更好地进行新农村建设规划，另一方面也可以做到相对公平、公正。在中心村建设时，可以选择交通比较便利，地理位置和环境较好的平坦土地进行。在置换面积上，应该坚持各地实际规定的宅基地用地标准，并适当考虑当地农村实际情况进行置换。从实践调研和已有模式的分析来看，户均3分地，约合200平方米的宅基地比较合适。各地可以依据自己的实际情况制订弹性标准，可以根据人均耕地的多少进行规定。人均耕地越多的，宅基地面积越大，人均耕地面积越小的，宅基地面积则越小，但最基本的底线应该是200平方米。同时，还要考虑农民生产生活的便利，为农民适当划分家畜养殖和农机具存放场所，保障农民的生产需求。如果原有宅基地符合当地规定的基本标准，则没有任何问题，直接进行新的宅基地置换。如果原有宅基地属于超标超占,是否需要另外补偿则要认真考虑。基于政府规划的统一性,笔者认为,对于超占超标的宅基地使用权人,不再进行补偿。否则,正如前面所说,这是一种对违法行为的变相鼓励。

另外,农民还有一些损失也应该被纳入补偿体系中。一是经营承包地增加的成本。由于我国大部分农村的宅基地是和承包地联系在一起的,一般都在宅基地周边,宅基地退出会使部分农民较以前居住的宅基地更远,经营承包地的成本有所增加。对于这部分损失,也应该纳入宅基地补偿中。二是农民搬迁过程中的隐形损失,如在原有宅基地进行的少量养殖,原有宅基地周边进行的蔬菜种植等,这些隐形损失也应该被纳入补偿体系。三是农民搬迁导致的生活方式的变化所引起的精神状况的变化,以及如交通、水电等生活成本的增加。由于这种变化很难测算,所以可以由各地政府根据实际情况考虑通过货币补偿的办法来鼓励农民自愿退出的积极性。

2. 对于房屋的补偿

房屋的补偿应该实行差别化补偿原则。补偿涉及两个问题:一是对房屋本身的补偿。由于房屋结构、质量、建造时间不一样等原因,使房屋价格无法统一确定。因此,可以由政府聘请专业的房产评估机构对退出宅基地上所建造的房屋进行中立、客观和市场化的评估。评估时,对于房屋面积的认定,应该以政府确权颁发的房产证、宅基地使用权或者不动产权利证书等相关证书为依据,没有颁发权利证书的,以政府登记记载的为准。既没有权利证书,也没有政府登记记载的,则以实际测量的为准,但是必须限于合法建筑。对于违章建筑,先由政府结合实际情况进行认证,确认为违法建筑的,不予补偿。评估结束后再征求农户的意见，然后由政府直接通过现金补偿的方式予以补偿。对于年久失修或者没有市场价值的，也应该设置一个底价，以保证农民的最低生活保障。二是对农民房屋前后的树木和其他生活附属设施也要进行补偿。另外，还有农户退出宅基地以后的搬迁费用，包括临时安置费用、搬家的补助等。

（二）设置公开透明合理的退出程序

农民在宅基地退出过程中，不仅关注退出的现实利益，实行结果的公平和正义，而且非常关注退出过程的合理性，要求过程本身的公平和正义。正如西方法谚所说："正义不仅应得到实现，而且要以人们看得见的方式加以实现。"罗尔斯也强调，正当的程序设置如果得到人们积极的遵守和良好的执行，那么由这种正当程序所产生的结果也就应该被视为是正当的和正确的。纯粹的程序正义最大的优点在于，满足正义的要求时不需要追溯一些因为特殊环境和个人而不断变化着的相对地位，这样就可以避免由这类细节所引起的复杂原则问题。[①] 在我国农村也可以看到，农民在很多情况下很关注退出过程的公开透明和公正。这就要求对退出程序进行严格的设置。在具体设置上，可以分为以下几个步骤：(1)由县区人民政府进行土地利用规划对宅基地退出调研，看有多少农民愿意退出宅基地，愿意以什么样的方式进行退出；(2)将符合农民实际情况的退出模式、补偿标准等进行公告发布，广泛征求农民意见，形成决定；(3)对于符合不同模式的退出宅基地的农民，签订退出协议，进行相关制度衔接的办理，如户口的迁移等；(4)引导和帮助农民进行搬迁等工作，完成后，进行

① [美]罗尔斯：《正义论》，何怀宏等译，中国社会科学出版社1988年版，第80~83页。

检查验收，集中发放补偿款。

三、加快建立相关配套机制

农民退出宅基地也就意味着失去了基本的生产保障，需要国家和社会为农民提供基本的生活保障。2011 年 6 月人力和社会保障部发布了《人力和社会保障事业发展“十二五”规划纲要》，规定了今后的主要目标就是实现社会保障的权利，将会进一步扩大社会保险的覆盖范围，实现我国新型农村社会养老和城镇居民养老的全面覆盖。党的十八届三中全会也指出，要对城镇常住人口实现基本公共服务的全覆盖，要将进城落户的农民完全纳入城镇社会保障体系和城镇住房体系，实现农村养老保险和医疗保险与城镇社会保障体系的规范衔接。但截至目前，我国农村与城市的保障水平仍有非常大的差距。除了一些项目上补偿标准的差异之外，很多城里人所享有的保障项目，农民根本无法享有。因此，为了推动闲置宅基地的退出，应该加快建立和完善相关配套机制，更加全面地保护农民利益。

（一）加快推进户籍制度改革

户籍制度的改革是破除城乡二元结构和城乡经济统筹发展的结果。党的十八届三中全会提出要加快推进户籍制度改革。国务院 2014 年发布的《关于进一步推进户籍制度改革的意见》指出，要调整户口的迁移政策，积极推进统一城乡户口登记制度。通过户籍改革来消除户籍所带来的城乡福利差别，保障全体国民的自由平等迁徙。同时，也要和农村土地制度改革相结合，考虑农民的收入和生活保障问题。通过有效的产业引导和转移，放开户籍限制，使农民有序地向城镇迁徙。作为我国长期城乡二元发展的制度性措施，户籍制度已经背离和超出了设置的初衷和目的，应该将户籍制度的改革和农村土地制度改革相结合，促进农村土地制度,尤其是以“户”为单位的宅基地制度改革。

1. 推进户籍制度改革就要消除户籍制度为城市居民长期带来的福利性质,使户籍制度回归本来面目。长期以来,城市户口给城市居民带来了很多福利甚至是“特权”,这些福利是农村户口的农民无法享受的。应该消除户籍制度所附带产生的这些福利,给所有社会成员创造在一个平台和基础上进行公平竞争的机会,最终实现全民的迁徙自由。

2. 改革户籍管理中以“户”为单位的静态管理模式,变为以“人”为中心的动态管理模式。农村宅基地的申请以“户”为单位,实行“一户一宅”。户籍管理也以“户”为单位,进行户口登记。宅基地的“户”则是以户籍管理的“户”为基础和依据进行申请与分配的。在现在人口流动加速,身份证取代户口本的情况下,应该以“人”为中心进行户籍管理。农村宅基地的治理也要以此为基础进行改革,实行一户只能申请一处宅基地,而不是一户只能拥有一处宅基地。[①]

3. 加强户籍改革的法制化建设,将户籍改革与增加农民收入等配套制度一体推进。加快制定户籍改革的基本法律,而不是停留在部门规章和意见中。同时,及时总结地方户籍制度改革经验,将户籍改革和农村土地产权改革相结合,促进农民收入的增加,消除户籍制度长期造成的对农民利益的漠视。

(二)相关保障政策的衔接

在进行农村宅基地产权制度改革以及宅基地流转和退出等改革的情况下,要积极建立城乡社会保障体系,保证农民离开土

---

① 杨遂全主编:《“小产权房”处置与土地制度创新——以城乡房上联建权合法化为突破口》,法律出版社2013年版,第180页。

地之后的生活质量。其主要包括就业保障、医疗保障、教育保障等各种保障措施。

1. 积极推进对农民进行的素质和职业教育，提高农民的职业化水平和能力，确保农民能够在城镇化过程中不会因为失去土地而失去生活能力。一是健全就业服务体系，形成规范统一和公开竞争的劳动力市场，为农民提供规范可信的劳动力中介市场，提供相关就业咨询，进行职业介绍和培训。二是针对不同年龄层次的农村群体进行分类指导。比如，可以依托工业和产业园区、安居社区建设等场所，优先安排或推荐男 50 ~ 60 周岁，女 45 ~ 55 周岁转移农民在物业管理、清洁绿化及公共设施管理等方面就业。男 18 ~ 50 周岁、女 18 ~ 45 周岁的青壮年劳动力原则上自谋职业，或技能培训后在工业园区就业。[①] 三是由政府进行劳动力输出和创业补助。

2. 完善失地农民医疗保障制度。我国未来城乡医疗保障的基本目标应该是将城镇常住人口和农村转移的人口统一纳入社区卫生和计划生育的服务体系，为城乡居民提供最基本的医疗卫生服务。但是，目前我国农村居民的医疗保障和城镇居民的医疗保障还存在很大的差距，需要制定相关制度，尽快实现城乡医疗保障制度的衔接。应该允许和鼓励失地农民既可以参加城镇社会医疗保险，又可以参加新型农村合作医疗保险，这样可以有效地提高对失地农民和农民工的医疗保障程度。

（三）完善城乡教育政策的衔接

由于长期的城乡二元分割，造成了城乡教育资源的极不公

---

① 杨玉珍：《农户闲置宅基地退出的影响因素及政策衔接——行为经济学视角》，载《经济地理》2015 年第 7 期。

平。再加上户口的限制,导致农民进城以后子女教育成为大问题。对于完全退出宅基地进城的农民,应该允许将他们的子女纳入各级政府义务教育发展规划和财政保障范畴内,合理规划学校布局,足额拨付教育经费,保障进城农民子女以在公办学校为主接受义务教育的权利。对于实行新农村建设集中居住的农民,应该结合当地家庭学生的数量,整合优化农村教育资源,集中资金投入,进行城镇寄宿学校的建设,保障外出务工农民留守子女的教育问题,形成幼儿教育、义务教育和普通高中教育的完整模式。

(四)建立统一的土地市场

党的十七届三中全会通过的决定已经提出逐步建立城乡统一的建设用地市场,让集体建设用地享有与国有土地平等的权益,在统一的土地市场中公平公正地流通,提高规划执行度和土地利用效率。以前村庄整治节余用地指标,是各市、县私下交易,引发了一些问题,在部分省市被全面“叫停”。但土地市场化是必然趋势,不能因噎废食,关键是让它透明化,走公开拍卖的路子。建立全省统一的建设用地交易市场,既能让土地指标交易走上台面,利于监督,也方便提前审核,更好地贯彻“占优补优”原则。

(五)建立“逆城市化”的保障机制①

“逆城市化”是城市化后期大城市的人口和就业岗位向大都市的小城镇、非大都市区或远方较小都市区迁移的一种分散化过程。在宅基地退出过程中,要建立可逆的制度框架。当农民工在城市的基本生活得不到保障时,他们就会选择回乡养老,可以将

① 杨遂全、张锰霖、钱力:《城乡一体化背景下农村闲置房屋的出路》,载《农村经济》2015年第1期。

其视为符合“保障性标准”的农户无偿分配宅基地，满足其住房需要。

四、建立合理的利益分配机制

合理的宅基地退出利益分配机制是宅基地顺利退出的一个重要影响因素。在闲置宅基地退出制度中，存在三方主体和两种利益。三方主体，是指政府、集体经济组织和农户。两种利益，是指宅基地退出的补偿利益和宅基地退出以后的增值利益。对于宅基地退出的补偿利益而言，应该由农民自己享有，政府和集体经济组织不应该参与分享。但对于退出以后的增值利益，应该明确政府是不能参与分配的。因为地方政府并不是宅基地的所有权人，宅基地所有权人是集体经济组织，所以，地方政府不应该参与退出宅基地的增值收益分配。政府的收益可以通过避免地方收取相关税费的方式来实现。作为所有权人的集体经济组织基于所有权的收益权能应该参与闲置宅基地退出的收益，但是具体比例如何界定，应该在试点的基础上抓紧规范。此外，作为宅基地使用权人的农民是真正宅基地使用人，应该享有更多的增值收益。

五、切实强化履行政府职责

根据我国《土地管理法》等的规定，政府作为土地的管理者，负有对土地利用的监管职责。在宅基地退出实践中可以发现，一方面政府积极推行宅基地的退出，以期获得更多的政治和经济利益。但在另一方面却存在监管失职等问题。为此，应该强化政府的监督职责，督促政府积极履行法定义务，确保宅基地退出的效果能够实现。

其一，要加强资金投入，为宅基地退出提供金融保障。在宅基地退出过程中，一方面需要对农民退出的宅基地和房屋进行补偿,这需要一大笔钱。另一方面要对农民退出以后的宅基地进行整理,也需要相当多的整治费用。必须加大政府的资金投入力度,可以考虑由中央政府设置宅基地退出专项资金,由国土资源部根据各地实际退出情况进行拨付,专款专用。同时,也可以对积极引入其他社会资金对宅基地退出进行支持,在实施税费减免政策的基础上,鼓励企业积极参与宅基地项目整理利用,允许企业对其投资整理的宅基地就地利用,努力拓宽宅基地退出的投资融资渠道。

其二,依法加强政府监管职能。对于依法收回没有办法确认宅基地所有权人的闲置宅基地和违法建筑、超标超占等现象予以及时清查和处理。虽然我国法律规定了宅基地的收回,但是宅基地在农村很少被收回。笔者在调研中深切感受到此种情况的原因有两个:一是传统文化的影响,尤其是对于一些有几十年甚至上百年历史的宅基地,被认为只要是别人家祖上留下来的,无论其后人是否居住,都属于他们的“祖宅”,不应被收回;二是出于人情和面子的考虑,即使某一家举家迁入城市或者住宅没人居住,村里也不会直接将宅基地收回,毕竟乡村社会是一个熟人社会,还有亲戚、朋友等各种关系在,以后还有可能回来或者给本村作出某些贡献。所以,基于这些考虑,一般都不会收回宅基地。当然,还因为农村土地比较多,即使不回收也有其他土地能满足集体对宅基地的基本需求。

第七章　闲置宅基地的开发利用研究

第一节　闲置宅基地开发利用的原则

闲置宅基地的治理是一项非常复杂和长期的系统工程。宅基地使用权是物权法明确规定的用益物权的一种,宅基地使用权人有权进行自我收益。在强调闲置宅基地的依法流转和自愿有偿退出的前提下,也应该允许宅基地使用权人对闲置宅基地进行再开发利用,以期能够更好地发挥宅基地作为农民财产权利的价值属性。这样,不仅可以有效地利用土地,减少土地的浪费,还可以增加农民收益,美化乡村环境,为社会主义新农村建设提供新的途径。

从广义上讲,闲置宅基地的开发利用包括

农村居民点整理、土地复垦、宅基地置换、宅基地退出等各种利用模式。本书前面已经分析和论证了闲置宅基地的流转和退出问题,因此,本章所分析的闲置宅基地的开发利用,仅指对农村闲置宅基地的再次开发和利用,即对原有闲置宅基地采取更加合理的规划和有效的开发,使其获得除住宅保障功能以外的更高经济效益功能和财产价值的一种治理手段。为了能够实现对闲置宅基地开发更好地利用,应该坚持以下原则。

一、因地制宜原则

因地制宜原则是指闲置宅基地的再次开发利用要结合宅基地所处的地理位置、地理环境、所处地域的经济发展水平等各种综合因素,合理规划和开发利用闲置宅基地。由于宅基地属于不动产,其所处的地理位置是无法进行移动和复制的,由此所产生的农村居民的生产和生活方式也是由其所处的地理位置和区域等因素共同决定的。再加上我国地域广阔,经济发展水平和城镇化水平不一,南方和北方、沿海和内陆、山区与平原等各种情况在我国都不同程度存在,而且深深地影响着我国农村的发展。因此,在进行闲置宅基地开发利用时,不能采取"一刀切"和统一的做法和安排,应该充分考虑闲置宅基地所处的区域等因素,再结合闲置宅基地本身的特征进行合理科学的开发利用。2004 年国土资源部发布了《关于加强农村宅基地管理的意见》(国土资发〔2004〕234 号)。该意见中明确规定各地要结合本地实际情况,积极组织开展闲置宅基地、空置住宅、"一户多宅"、"空心村"的调查和清理工作。针对"一户多宅"、空置住宅和闲置宅基地,各地要鼓励农民腾退多余宅基地,制定相应的激励措施。新建住宅以后应该退出老旧宅基地的,要采取签订合同等各种有效措施,确保能够按期拆除旧房,退出老旧宅基地。

二、协调统一原则

协调统一原则，是指对农村闲置宅基地的开发利用不能仅考虑对闲置宅基地本身的开发利用，要将闲置宅基地的开发和新农村建设、统筹城乡发展、保护耕地和节约用地、农村环境保护以及历史传承等其他制度和政策相互衔接，实现闲置宅基地治理的经济效益、社会效益和环境效益的综合统一。将闲置宅基地的开发利用放在整个村镇乃至整个区县规划的范畴予以考虑，充分认识到闲置宅基地治理是进行新农村建设和统筹城乡发展的重要一步，也是节约用地和实施耕地保护的重要手段。要将闲置宅基地开发利用和环境保护结合起来，在符合环境保护政策和要求的前提下，考虑开发利用的方式对农村人居环境、空气、水源和土地等的损害程度，优先考虑通过环保节能的项目进行开发利用。同时，也要考虑历史传承和乡村文化保护，对重点历史文物和古迹等予以优先保护，保持乡土文化的传承和历史的延续。

三、自愿原则

自愿原则，是指闲置宅基地的开发利用要以农民为主体，充分尊重农民的意愿，在进行开发利用过程中，由农民按照自我意志进行自主选择、自主参与和自主决定。政府可以通过自己的信息优势，为农民提供可开发利用的项目、渠道以及开发利用的平台，由农民自己结合闲置宅基地的客观情况进行自我选择。政府可以引导农民选择，但是不能通过强迫或者命令等非法手段迫使农民对闲置宅基地进行某种开发利用。让农民成为真正的参与和决策主体，作出符合其利益最大化原则的决定。

第二节　休闲农业下的闲置宅基地开发利用

随着城市化进程的不断加快，大量人口涌入城市谋求发展，使城市人口急剧增长，城市规模不断扩大，出现了交通拥堵、大气污染、水资源匮乏等问题为主的“城市病”，增加了城市居民的生活和工作压力，促使城市居民开始寻求更加舒适的身心放松之地，在闲暇时间“逃离”城市到农村进行身心放松。这些因素推动了农业观光旅游和休闲度假的发展，促使了休闲农业模式的出现。

休闲农业是以“三农”为背景，利用农业景观、农业资源和农村环境，以农林牧副渔生产和农村文化生活为依据，以休闲农场为载体，增进人们对农业生产及农村生活体验为目的的新型产业形态。① 休闲农业是深度开发农业资源的最大生产力和有效增加农民收入的一条新路径。休闲农业的主要特征是把农业生产与游客参加活动等融为一体，通过充分开发具有旅游和观光价值的农业资源产业和各种农业产品，促使农村土地有效利用，促进农民的转移就业和农民收入的持续增加。另外，也可以促进城乡统筹一体发展，增加城乡之间的良好互动，对乡村文化的挖掘、保护以及传承具有重要意义。

20 世纪三四十年代，休闲农业兴起最早出现在意大利、奥地利等欧洲国家。其后在美国和其他国家与地区迅速发展起来。

---

① 曾芳芳、朱朝枝：《休闲农业视野下闲置宅基地开发合理意蕴探析》，载《东南学术》2013 年第 3 期。

日本、美国等发达国家的休闲农业已经发展到了非常高级的阶段。我国第一次明确提出“休闲农业”的是2008年中央一号文件。2012年的中央一号文件又明确指出，要通过积极发展休闲农业、乡村旅游、森林旅游和农村服务业，来拓展农村发展的非农就业空间。2016年中央一号文件专门用一条来指导休闲农业的发展，指出要继续大力发展休闲农业和乡村旅游。支持和鼓励有条件的地方因地制宜，通过盘活农村的闲置房屋、闲置宅基地和其他集体建设用地、“四荒地”等资产资源发展休闲农业和乡村旅游。要将休闲农业和乡村旅游项目建设用地纳入地方土地利用总体规划和年度计划，进行合理安排。

目前，我国大部分地区已经开展了大量以休闲农业为主的乡村旅游产业，其主要的发展模式包括以下几种。

一、整体开发模式

整体开发模式的前提是开发地区有比较优美的田野风光、较为舒适的气候条件和环境，能够吸引游客。这种开发模式是农户参与，政府主导。首先，由政府通过对农村基础设施进行改造，如自来水、电路、天然气、通行道路、卫生院等基础设施和公共设施，然后带动周边农民进行相应的农业发展，集中连片地开发现代化的休闲农业。根据市场需求，结合当地优势，引导农民开发各种农业休闲观光项目，吸引城市居民来到农业观光园区休闲、参观和娱乐，从而带动农村经济的发展。

北京市怀柔区雁栖镇官地村，从2004年被列为北京市旧村改造工程试点村开始，村委会按照“充分尊重农民意愿，以农户投资为主，村集体出资为辅”的原则对整村进行规划改造。改造后的官地村成了历史人文特色鲜明、功能齐全、环境优美、设施先进的现代化新农村和综合旅游休闲区,被称为“京郊民俗旅游第一村”。①

安徽省颍上县谢桥镇张庄村采用的也是典型的整村开发模式。张庄村属于生态农业村,自然环境优美,气候宜人。该村原有荒旧宅基地大约 53.3 公顷。为提高土地利用率,把全村 11 个自然庄重新规划成 5 个新村,对闲置老宅基地 40.1 公顷予以开发利用。通过村庄迁移,主动腾出旧宅基地 16.9 公顷。在原有闲置宅基地上新建动物馆、植物园和游乐场,吸引游客到此旅游观光。每年仅旅游收入就达到几十万元。这种发展模式不仅促进了休闲农业和旅游农业的发展,而且对荒旧宅基地的开发利用起到了非常好的示范效应,同时还增加了农民收入。②

浙江省联众休闲产业集团有限公司所实践的联众模式,是由该公司通过和乡村合作进行新农村建设而探索出的一种经营模式。由公司对整个村庄的宅基地进行统一经营,企业用自有资金对整个村庄进行重新规划建设,包括利用村民的宅基地重建四层小楼,一层仍然归农民自己使用,二层至四层则由该公司进行出租给城市居民进行居住,同时完善村庄的配套设施。这种模式无须政府和农民自己投入,是利用闲置和原有的宅基地开发建设,也不占用土地资源、破坏生态环境。企业享有的实际上是一种出租权,即对宅基地使用权的再次出租,获得的是租金收益。消费者得到的是房屋的使用权。真正的宅基地使用权仍然归属于原来的农民。这种模式不仅实现了土地资源的合理配置,而且体现

---

① 赵树枫等编著:《农村宅基地制度与城乡一体化》,中国经济出版社 2015 年版,第 68 ~ 71 页。

② 徐兴亚、陈琴:《开发利用荒旧宅基地资源》,载《中国农业资源与区划》2000 年第 2 期。

了市场是配置资源最有效的手段。对闲置宅基地进行市场化运作可以最大限度地挖掘土地的经济价值,实现农村闲置宅基地的有效、合理利用。①

二、"农家乐"模式

"农家乐"模式主要是指以农民为从业主体,以农户家庭为单位,以自己生产的农产品及周围的田园风光、自然景观为载体,以低廉的价格吸引游客前来吃农家饭、品农家菜、住农家屋、干农家活、娱农家乐、购农家品。这种模式主要出现在交通便利等城郊的农村。农民通过充分发挥自己的劳动和智慧,有的将原来闲置的房屋和宅基地进行装修,打破传统农业下宅基地与农田分割的耕作模式,将庭院与住宅充分结合利用。利用住宅进行乡村旅游接待,利用庭院进行农作物种植和其他高附加值的苗木生产。有的利用闲置的房屋和宅基地发展家庭手工业,吸引游客亲子进行操作和实践。

成都市近郊郫县友爱镇农科村是"农家乐"模式下利用闲置宅基地和房屋的典型代表。其主要模式包括农家园林型、花果观赏型、景区旅舍型和花园客栈型。这些模式把原来的集体经济组织转变成为旅游企业进行开发,把原来的集体建设用地,尤其是闲置的宅基地通过绿化和美化予以装饰,使之成为具有农家风味的休闲娱乐场所。其有效整合了农村宅基地散乱的局面,促进了乡村村容整洁和经济发展。

北京市通州区大营村原来也是村小人少,闲置宅基地较多。后来村里通过依托印刷厂、化工厂等村办企业积累资金,通过居

---

① 祁黄雄、陆建广:《农村宅基地开发利用的案例研究——浙江联众公司"城仙居"模式利弊分析》,载《中国土地科学》2010 年第 5 期。

民投资等方式改善村容环境、硬化路面，实行“一户一园”的生态旅游特色接待模式。目前，有近 1/3 的家庭从事“农家乐”，旅游收入占人均纯收入的 30%。

位于福建省闽侯县的荆溪镇，农村宅基地闲置比例也较高。部分村庄的闲置宅基地比例达到 50% 以上。但是，荆溪镇依托特殊的地理位置和环境优势，提出休闲旅游产业带动模式。以三叠井森林公园、“拔仕官路遗迹”等人文生态景观为依托，大力发展荆溪镇的经济，并以此带动景区周边农村房屋的开发与建设。政府也出台政策，鼓励农户依托旅游景点发展“农家乐”，在促进经济发展的同时，带动闲置房屋和闲置宅基地的开发利用。①

三、特色产业发展模式

以特色产业发展带动闲置宅基地的开发利用，主要是采取农户和企业合作的方式，由企业对农户的闲置宅基地投入资金进行整治，结合当地农业产业的优势，发展某种具有地方特色的产品，形成自己独特的品牌和品牌效应，吸引城市居民前来购买和消费，促进农村经济的发展。在农民增收的同时，实现对农村闲置宅基地的开发利用和有效治理。

1. 发展特色种植业。北京市密云县巨各庄镇蔡家洼村曾经是贫穷落后村，村中道路狭窄，街道泥泞坑洼不平，大量村民外出打工，导致宅基地闲置。自从进行旧村改造以来，村支部积极引进企业融资，以农村集体土地开发利用为核心，加快土地整理和流转，完善基础设施建设。新建居住小区，将原来的闲置宅基地和其他宅基地一起进行置换，置换出的宅基地和其他集体建设用

① 钟义希：《福州农村闲置宅基地开发利用研究》，福建农林大学 2014 年硕士学位论文，第 31 页。

地用于发展特色产业。现在,建成5000亩的生态农业产业园区,包括一期600亩的观光采摘园,栽种了大樱桃树、冬枣树、加州大李子等,还建起8栋高标准的温室大棚,栽植了木瓜、番石榴、芒果等热带水果;二期又栽种了6万余株樱桃树。形成了以农产品加工为主题,以休闲观光为理念的新农村。①

2. 发展特色渔业。福清市沙埔镇和岐村位于龙高半岛中部,是个濒海湾小渔村,因其属于内海,有大片滩涂。和岐村80%左右的村民外出谋求发展,留守的都是老人和儿童,导致闲置宅基地的大量出现。据统计,闲置面积大约占到村内宅基地面积的70%左右,大约有4万多平方米。和岐村通过利用海边的闲置养殖场,以及村内的闲置宅基地,大力发展特色海鲜旅游度假项目,使原来闲置的宅基地被充分利用。②

第三节　互联网农业下的闲置宅基地开发利用

随着互联网技术的不断发展和更新,互联网已经进入了千家万户,成为人们日常生活不可缺少的一种技术手段和有效资源。在我国广大的农村地区,互联网伴随着智能手机的发展进入农户,已经成为影响农村发展和农民生产生活方式的一种新力量和重要因素。而"互联网+"的出现,则更深刻地改变着我国广大农村地区的面貌,也会对农民的居住环境和生活产生积极的影

① 赵树枫等编著:《农村宅基地制度与城乡一体化》,中国经济出版社2015年版,第78~80页。

② 钟义希:《福州农村闲置宅基地开发利用研究》,福建农林大学2014年硕士学位论文,第33页。

响,为农村再次焕发活力提供良好契机。在此过程中,可以充分利用“互联网+”的发展带动农村闲置宅基地的开发利用,促进农村土地的有效利用。

一、互联网对农村宅基地的影响

根据中国互联网络信息中心发布的《2014年农村互联网发展状况研究报告》,截至2014年12月,中国农村网民规模达1.78亿人,年增长率为1%。城镇网民规模为4.7亿人,城镇网民增长幅度大于农村网民。城乡地区差异方面,尽管农村地区网民规模和互联网普及率都在不断增长,但是城乡互联网普及率差异仍有扩大之势。2014年城镇地区互联网普及率超过农村地区34个百分点。虽然城乡之间的互联网普及率有较大差距,但是考虑农村人口的基数和未来的发展,农村互联网的发展将仍然是未来互联网发展的重点区域。

互联网的发展,对农村的发展和农民生活方式的改变起到了巨大的作用。一方面是信息的快速交流,使农民能够在很短的时间内了解和掌握相关农产品价格、销量等农业信息;另一方面也改变着农村传统的治理结构和农民的休闲娱乐方式乃至精神世界。而作为农民重要财产的宅基地也因为互联网的发展而被赋予更加丰富的功能,提升了宅基地本身的价值。

(一)农民认识到了宅基地的资本功能

由于互联网的接入,使农民可以第一时间掌握党和国家关于农村的重要精神和政策,了解并认识到,宅基地不仅是对自己生活的基本保障,而且具有很高的价值和资产功能。但是,在没有互联网的时代,党和国家关于农村的重要精神和政策都要一级级的传达,存在很多的问题。(1)具有时间上的滞后性,无法让农民在第一时间了解和掌握,就无法及时预测自己未来的行为和发展方向。(2)传达过程中的不全面性。在很多情况下,都是由上级部门口头通知和传达,农民根本无法获得全部信息,只能获取一些关键词,无法准确理解和把握农业政策的基本要求,也会影响农民以后的行为。(3)还有可能导致一些优惠的利民政策被部分乡镇干部或者村干部所隐瞒,而是由他们自己或者近亲属来享受这些优惠政策,其他农民则由于信息缺失而遭受利益损失。但是,在互联网进入农村以后,农民就可以通过智能手机或者电脑,在第一时间全面了解和掌握党和国家的惠农政策,进而调整自己的行为预期。比如,国家提出的城乡统筹一体发展,建立城乡统一建设用地市场等,使农民开始认识到农村宅基地能够像城里的国有土地一样获得较高的价格和利益,也会促使农民重新考虑宅基地的利益问题。

(二)农民享受了宅基地被征收后的增值利益

互联网的出现使农民可以在第一时间获得相关信息,也让农民可以在进行宅基地征收等过程中有底气和资本与政府进行谈判,以获得更加符合宅基地本身价值的增值利益。在没有互联网的时代,政府在进行宅基地等土地征收过程中都处于强势地位,征收宅基地的价格和标准都由政府说了算,农民缺乏与政府进行谈判的资本和底气。一方面,由于农民并不知道自己宅基地所具有的资本价值。另一方面,即便是农民知道了宅基地所具有的经济价值,但由于信息的闭塞和不对称,缺乏相应的价值参照,无法准确地知道自己宅基地的市场价值。但是,在互联网时代,农民可以通过互联网准确地知道政府征收的目的,是用于公共利益还是用于商业开发,从而决定自己所能接受的预期价格;也可以通过互联网参考相近的国有土地征收的价格,并以此为基础和政府进行谈判,谋求自身利益的最大化,享受宅基地所带来的增值利益。

(三)互联网让城市居民更加向往农村生活,增加宅基地的利用价值

随着各种“城市病”的不断出现,城市居民渴望到生活环境优美的农村社会缓解压力,释放自己。但传统农村社会是一个熟人社会,信息闭塞、相对封闭。由于互联网的接入,农村社会不再封闭和自我,互联网打通了农村与社会的交流渠道,使外面的世界可以更好地了解农村,也让农村和农民能够更好地宣传自己。通过互联网,城市居民不仅可以选择适合自己的农村进行放松休闲,甚至很多城市居民直接在农村买房居住。平时在城里上班,周末和节假日则一起到农村居住,不仅可以享受农村的田园风光,而且由于网络的普及,城里人也可以随时和世界联通,并不影响自己的基本生活。这也使农村的宅基地价值不断增加,尤其是城市近郊的农村宅基地。

二、互联网农业下闲置宅基地的开发利用

2015 年 3 月,李克强总理在政府工作报告中第一次明确提出“互联网 + ”的行动计划。2015 年 9 月农业部、国家发展和改革委员会、商务部联合发布《推进农业电子商务发展行动计划》,指出积极实施“互联网 + ”现代农业行动,扎实推进农业电子商务快速健康发展。2015 年 12 月国务院发布了《国务院办公厅关于促进农村电子商务加快发展的指导意见》,强调农村电子商务是转变农业发展方式的重要手段,有利于推动农业升级、农村发展和农民增收。

“互联网 + ”是指传统产业利用互联网的数字化、在线技术进行转型、升级,凭借互联网开放、透明、共享的特性,使有效信息

被挖掘和充分应用，从而提高传统产业生产力，实现财富增长。[①]由于互联网本身所具有的开放、平等、无边界等特性，可以打破原先某部门或企业内部封闭的传统运作模式，使可以随时在上下游和协作单位之间进行低成本的信息流动和交换，并实现信息的整合、深加工和应用，提升运营效率，最终实现产业和社会转型升级。[②] 近年来，我国“互联网＋农业”发展非常快，以农村电子商务为例，2014 年我国农产品网络交易额超过 1000 亿元，占农产品销售额的 3%，涉农电商已达 4000 多家。2016 年全国农村网购市场交易总量有望突破 4600 亿元。如此大规模的农村电商交易正在深刻影响我国农村和农民的生产生活方式。京东在县级以下的 4～6 级市场设立可为客户提供代下单、配送、展示等服务的帮服中心，重点加强农产品的物流配送。京东加大与腾讯的合作，登入手机 QQ 和微信的一级入口，锁定农村市场的年轻用户。2014 年阿里巴巴提出“千县万村”农村淘宝项目，计划 3～5 年内投资 100 亿元建立 1000 个县级运营中心和 10 万个村级服务站，将其供应链覆盖全国 1/3 的县及 1/6 的农村地区。2015 年 1 月苏宁第一家自营易购服务站在江苏省宿迁市洋河区开业，计划年内在三四级县镇及农村推广到 1500 家，未来 5 年要设立 1 万家。[③]

“互联网农业”的模式归纳起来主要有三种：一是在生产领

---

① 陈红川：《“互联网＋”背景下现代农业发展路径研究》，载《广东农业科学》2015 年第 16 期。

② 彭海静、郦丽、江敏：《基于“互联网＋”的苏北农村地区新型城镇化建设研究》，载《中国管理信息化》2016 年第 1 期。

③ 严圣艳、许安心：《我国“互联网＋农村流通业”发展面临的问题与思路》，载《经济纵横》2016 年第 1 期。

域的智慧农业模式，运用物联网技术，实现农业的精确生产，使劳动力、生产资料、土地资源等各种要素在时间、空间上精确分配，以获取最大化的收益；二是在流通领域的互联网深入营销电商模式，深刻改变传统的农产品流通模式；三是互联网与农业深度融合的产业链模式，互联网为重塑农业产业链提供技术支持和平台，依靠互联网平台，农业生产经营者不仅可以分享、获取各种生产技术和市场信息，并且可以得到法律、融资等相关服务。① 这三种模式的发展都需要土地，尤其使农村的宅基地作为重要的基础资源，布局开展相关的物流、技术支持等服务。

（一）充分利用农村闲置宅基地建立现代物流园区

"互联网农业"的发展使农业生产更加现代化和网络化，促使农民使用更加高科技的农业技术和手段，也将大大提高农产品的质量和生产速度。大量农产品的储存和运输是现代"互联网农业"发展的重要保障和前提，可以充分利用农村的闲置宅基地，建立现代化的物流园区。一方面，方便农产品的储存和运输；另一方面，也可以对农村的闲置宅基地进行整治利用，以防各个互联网企业为了"跑马圈地"而占用农村耕地进行物流园区的建设，造成土地的浪费。具体可由各地根据实际情况，结合本地宅基地闲置情况和农村生产的特点，选取地理位置较好、交通便利的村庄建设物流园区。

（二）充分利用闲置宅基地建立网络信息服务站

"互联网农业"的发展离不开网络。虽然我国目前农村使用网络人数每年以1%的速度增长，但是农民利用互联网主要是用

① 胡永洲：《构建"互联网＋农业"智能生产模式的思考》，载《唯实》（现代管理）2015年第6期。

于交友娱乐等消费，真正利用网络资源进行农业生产和农业技术提高的比例非常低。而且，由于大部分农村经济比较落后，农民家里有电脑的比例也比较低。这些因素也将制约我国“互联网农业”在农村的进一步推动和发展。为了有效提高农民利用网络及时掌握农产品交易价格等农业信息的效率和进行农业技术学习的水平，应该充分利用村内的闲置宅基地建立网络信息服务站。以村组为基本单位，设置专职的网络信息服务员。信息服务员可辅导和代替不会上网的村民进行网络活动，逐步培养村民的网络使用习惯。通过电子商务平台、报刊、广播和杂志提供详细的农产品物流信息，及时传递市场供需信息。① 同时，由中央和地方政府加大对信息化基础设施建设的投入，对农民网络通信资费和电脑花费给予财政补贴，进一步加快“互联网农业”的发展。

第四节　开发利用闲置宅基地的启示与建议

通过上述分析可知，目前在农村对于闲置宅基地的开发利用已经形成巨大的产业规模，成为一条比较有效的解决宅基地闲置问题的途径，其他各地也在纷纷模仿，同时结合自己的地域特色不断进行创新，取得了一些很好的经济效果和社会效果，对于农村宅基地治理和土地利用有重要的意义，值得学习和借鉴。一方面，可以缓解城市的部分“城市病”，使城镇居民也能享受到向往的田园美景式的美好农村生活，为农村增加人气，拉动农村产业

---

① 严圣艳、许安心：《我国“互联网＋农村流通业”发展面临的问题与思路》，载《经济纵横》2016年第1期。

发展;另一方面,也通过对农村闲置宅基地的有效利用,美化了乡村环境,增加了农民收入,发展了农村经济,促进了农村的良性循环。这样,不仅可以使农民能够继续扎根农村,从事农业等特色产业的发展,防止农民外出造成的宅基地闲置,而且随着农民收入的增加,也有能力对宅基地进行更加有效的利用。这些探索和尝试也对农村闲置宅基地的治理带来了一些启示。

一、政府通过税收等优惠措施吸引资金进行开发利用

从实践经验来看,在闲置宅基地的开发利用中,农户是主体,是自我利益的决策者和经营者。但地方政府在开发利用过程中也起到了非常重要的引导作用。

1. 政府可以利用自身的信息优势、政策优势等为农民搭建宅基地开发利用的平台,使农民有更好的选择机会,实现宅基地治理和自我利益的最大化。

2. 同时,政府可以通过税收优惠、基础设施完善和改造,积极吸引企业,根据“谁开发,谁受益”的原则,让企业利益与农民利益能够交融在一起。企业能够真正通过资金的投入获得巨大的利益,农村则因为企业资金的注入可以有效地对闲置的宅基地和土地进行开发利用,增加农民收益。政府也可以通过优惠政策等渠道方式引入社会资金,通过引导企业与农户合作,通过企业的资金和技术帮助农村宅基地治理,农村也可以为企业提供土地和人力支持,达到“双赢”的局面。

3. 政府也可以为农民治理宅基地提供资金支持。比如,政府可以利用公共财政为新农村建设和旧村改造工程项目提供资金,还可以为无偿补助、贴息贷款等方式加快宅基地开发利用的进程。

二、严格规划，挖掘农村特色进行开发利用

在宅基地开发利用过程中，无论是进行什么样的开发利用，都要坚持严格按照规划进行，必须符合国家土地利用总体规划和地方政府制定的村镇规划。地方政府要强化对农村宅基地的政策引导和规划，不能完全由农民在自家宅基地上进行自由建设和开发。但是，也要因地制宜，毕竟我国各地地域特征明显，有非常丰富的人文资源、地理资源和环境资源，各地可以结合本地实际情况，进行针对性的开发利用。比如，对于具有历史文化价值的古村古镇等，可以在保持原有风貌的情况下，引入社会资金合作开发为旅游景区，也可以由政府出资建设文化教育基地。要充分考虑现代城市居民的怀旧意识和对乡村文化的追求，充分凝练和挖掘各地农村的特色。因此，深度挖掘农村闲置宅基地所具有的开发利用价值，不仅对恢复部分已被丢失和破坏的乡村文化与传统具有重要意义，而且是解决我国目前农村闲置宅基地的重要模式。

三、充分利用互联网等技术开发利用闲置宅基地

随着互联网农业和农村电子商务的发展，农村也和城市一样，既分享了现代科技带来的生活变化，也获得了对农村进行再次改造的良好契机。一方面，互联网进入农村社会，不仅缩小了城市居民与农民居民之间的通信差距，而且由于农村的生活环境更好，使大量城市人口开始向往农村的田园生活，有网、有景、有新鲜的蔬菜水果，在一定程度上出现了“逆城市化”的趋势。这部分城市居民回归农村，选择在农村购房或者租房居住，不仅会增加农民收益，而且也会使原来闲置的房屋和宅基地被充分利用。另一方面，随着农村电子商务的不断创新与发展，大量互联网企业进入农村，如阿里巴巴的“千县万村”农村淘宝项目和苏宁的自营农村服务站等推广，无疑会使农村的土地，尤其是闲置

的房屋和宅基地再次被重视和利用,甚至大幅度的升值。因此,可以加大我国农村互联网建设的力度,鼓励城市居民去农村居住养老,充分利用闲置宅基地和房屋。同时,利用互联网等新技术推动农村电子商务的快速发展,鼓励互联网企业进入农村,通过在农村建立物流园区、网络信息服务站等方式,实现闲置宅基地利用和促进农村经济发展。随着城市居民和互联网等企业在农村入住,不仅会增加农村的人气,增加农民收入,也会为农村带来现代企业管理制度,为农村发展注入新的活力,引导农民加强对宅基地的自我管理,对农村宅基地进行更加合理地规划设计和利用,防止宅基地的再次闲置和浪费。

四、建立合理的利益分配和共享机制

如舒尔茨所述,小农是追求利益最大化的"经济人",他们有明确的利益取向。在传统技术的状态下,农民依靠其自身的进取精神,通过对有利可图的生产机会和资源加以最大限度地利用实现其价值追求。① 农民对于闲置宅基地开发利用带给他们的利益期待非常强烈。但基于农民宅基地的分散性,要想实现较大规模的产业发展比较困难。为此,就要积极发挥集体经济组织的作用,通过党组织、村委会等村集体经济组织的工作,将农民的宅基地统一集中开发利用,由集体经济组织负责提供基础设施维护、技能培训、公共服务等,共同完成闲置宅基地的开发利用。同时,也要建立合理的利益分配机制,根据农户和集体协商的结果,原则上由农民获得开发收益的主要部分,集体在一定范围内提取用于公共服务和基础设施维护等基本费用。

① 曾芳芳、朱朝枝:《休闲农业视野下闲置宅基地开发合理意蕴探析》,载《东南学术》2013 年第 3 期。

第八章　闲置宅基地治理的整体制度设计

第一节　制定农村宅基地管理法

闲置宅基地的治理是一项系统工程，无论是闲置宅基地的流转，还是退出和开发利用，都需要完善的制度作保障和前提，否则很容易产生各种新的问题。从目前我国关于宅基地制度的规定和实践来看，明显属于制度落后于实践的情形。各地已经开始的大量宅基地治理的探索都是在“灰色地带”行走，很容易触犯国家现有的法律规定和政策。因此，应该加强制度建设，加快制定农村宅基地管理法，从源头上为闲置宅基地治理提供保障。主要理由包括以下几点。

一、现有基本法律规定的缺失

通过上面的分析可知，我国目前关于宅基

地的法律中,效力最高的只有《土地管理法》和《物权法》。我们可以看到,《土地管理法》对于宅基地规定只有1个条文,即第62条,规定了"一户一宅"和宅基地建设的原则。《物权法》在制定之时曾被寄予厚望,希望对宅基地的相关法律问题作出明确规定,但是令人遗憾的是,《物权法》只用了4个法律条文来进行规范(《物权法》第152~155条),而且其中一条是宅基地使用权的定义(第152条),一条(第153条)是关于准用土地管理法等法律和国家有关规定的准用性法条,剩余的两条是关于宅基地的消灭(第154条和第155条)。实际上,《物权法》对于宅基地的规定可以忽略不计。相比建设用地使用权的17个法律条文来讲,宅基地的规定少得可怜。难道在法律上也要体现城乡差别?关于闲置宅基地的问题就更没有任何规定了。因此,面对我国农村数以亿计的宅基地,我们的基本法律却只有一个条文进行规范,实在是我国民事立法的悲哀。

二、其他规定效力太低

除了《物权法》和《土地管理法》这些基本法律之外,我国存在大量关于宅基地的条例、办法、意见和通知,而且随着耕地保护的日益严峻和宅基地问题的日益突出,这些规定的措辞也会越来越严厉,如"关于进一步……""关于严格……"的表述。这些表述,一方面表明了我们意识到关于农村土地和宅基地问题日益严峻,另一方面反映出我们已有治理和管理措施的缺乏和无奈,只能要求进一步加强和严格管理。导致这些规定不断严格出台的主要原因就是这些规定效力太低,基本上都是国土资源部的部门规章,或者由国土资源部联合农业部等国务院部委进行发布实施。根据我国《立法法》的规定,国务院的部门规章和各个地方的地方性法规效力没有高下之分,这就导致这些部门规章在适用的过程中,总是面临着地方性法规的挑战,尤其是在我国政府存在地方保护主义的大环境下,这种效力较低的规定注定很难有效实行。因此,必须提高立法的层次,制定更高效力的法律来规范宅基地制度的改革。

三、农村现实的需要

由于现有规定的缺乏和效力层次的低下,导致农民在实践中进行自我利益的追求时总是不知所措,最后只能选择漠视法律,通过隐形手段和各种非法的方式来实现自我利益的最大化。这其实是对法律权威的进一步损害。而且,由于法律规定的不协调,使农民在进行宅基地流转、退出等过程中缺乏可预期性和安全感。他们不知道如果进行了宅基地的流转或退出,未来会有什么样的利益或者风险,如果有了纠纷和矛盾,又该用什么样的法律武器去维护自己的权利。这种缺乏预期利益和行为导向功能的现实,也会对社会的诚信体系造成破坏,如北京宋庄画家村的房屋买卖纠纷。因此,制定农村宅基地管理法不仅是实行法律的预测和引导功能的重要步骤,而且是保护农民利益、实现交易安全和维护农村社会稳定的现实需要。

第二节　未来处置闲置宅基地的具体制度体系设置

制定农村宅基地管理法是对我国农村社会现实需求的回应,应该结合目前的农村宅基地改革进行调研,在总结经验的基础上形成草案,并尽快颁布。在这部法律中,应专门设置一章来规定闲置宅基地的基本问题。主要包括以下内容。

一、基本概念和范围

首先，应该明确闲置宅基地的基本概念，这是对闲置宅基地进行治理的前提和基础。针对我国农村的复杂情况，建议应该采取"概括式＋列举式"的弹性规定方式，即先对我国闲置宅基地作一个基本界定，然后再针对农村比较普遍存在的闲置情况进行分类罗列，最后规定兜底性条款。可以将闲置宅基地界定为：在一定期限内没有被充分利用的宅基地，无论其上是否有建筑物存在。主要包括以下类型：(1)超出"一户一宅"规定的多余宅基地；(2)宅基地面积超过当地政府规定标准面积以外的宅基地；(3)经批准后两年内未建成住宅，且不再需要继续使用的宅基地；(4)新申请宅基地而废弃的宅基地；(5)无主的宅基地；(6)房屋闲置或者灭失2年以上的宅基地；(7)法律法规规定的其他情形。这样，能够使立法定义更加富有弹性，以适应我国各地农村的实际情况。

二、治理的基本原则

法律的基本原则是法律规定的基本准则、支撑和基础，也是进行民事司法和民事活动的基本标准和底线。不仅可以使立法者能够按照法律的基本宗旨和精神进行立法，而且是民事司法者进行司法裁判的主要依据，更是民事主体进行民事活动的行为准则。结合我国农村闲置宅基地治理的实践和已有的规定，应该规定闲置宅基地治理的四项基本原则，即明晰产权，保障农民权益的原则；因地制宜，实施耕地保护和用途管制的原则；公众参与，尊重农民意愿的原则；规划先行，严格落实执行的原则。

三、治理的主要方式

这一部分主要规定闲置宅基地治理的主要方式，从目前的现实来看，主要规定闲置宅基地的流转、有偿退出和开发利用的方式,分别规定各自方式适用的条件、程序、保障措施和法律责任。通过严格地对各种治理方式的条件和程序设计,保障闲置宅基地治理各方能够依法对闲置宅基地进行治理,同时也可以保障参与治理各方的权益。保障措施和法律责任的设置则可以为闲置宅基地的治理提供更多的制度救济,实现闲置宅基地治理的良好效果。

四、具体条文设计及说明

第一条　本法所称的闲置宅基地是指在一定期限内没有被充分利用的宅基地,无论其上是否有建筑物存在。主要包括以下类型:

(一)超出“一户一宅”规定的多余宅基地;

(二)宅基地面积超过当地政府规定标准面积以外的宅基地;

(三)经批准后两年内未建成住宅,且不再需要继续使用的宅基地;

(四)新申请宅基地而废弃的宅基地;

(五)无主的宅基地;

(六)房屋闲置或者灭失两年以上的宅基地;

(七)法律法规规定的其他情形。

立法理由及说明:本条是对闲置宅基地进行概念界定。对立法对象进行概念界定是我国立法的惯例,也是明确法律适用范围的基本前提。对闲置宅基地进行概念界定,有助于明确本章规则所适用的对象和范围。本条采用概括和列举相结合的定义方法,一方面旨在通过抽象的定义高度概括闲置宅基地,另一方面通过具体列举的形式使闲置宅基地尽量地类型化,对于实践中已经出现或者存在的宅基地闲置情形进行总结归纳,最后通过兜底性的条款应对未来可能出现的新的宅基地闲置情形。

第二条 闲置宅基地治理的主体是农户和村民委员会。村民委员会在村民自治的前提下依照本法规定对闲置宅基地进行认定。各地国土管理部门应该加强对农村闲置宅基地治理的指导。

立法理由及说明:本条是对闲置宅基地的治理主体进行规定。宅基地的所有权人是集体经济组织,目前农村实践中主要是村民委员会代表集体经济组织。宅基地的使用权人则是农户。由所有权人和使用权人对闲置宅基地进行治理,不仅符合产权理论的本质,而且是我国物权法关于所有权和用益物权规定的基本要求。同时,也是坚持农民自愿原则的具体体现。

第三条 闲置宅基地治理的基本原则是:

(一)明晰产权,保障农民权益。在对宅基地进行确权颁证的前提下,依法保障农民利益的实现。

(二)因地制宜,实施耕地保护和用途管制。各地应该结合实际情况进行闲置宅基地的治理,但是必须符合国家耕地保护政策和土地用途管制。

(三)公众参与,尊重农民意愿。闲置宅基地治理要以农户为主体,充分调动和发挥农户的积极性,尊重农民意愿,对不符合条件的闲置宅基地不得强制进行治理。

(四)规划先行,严格落实执行。闲置宅基地的治理必须遵循国家土地利用规划和本行政区域的城镇规划。

立法理由及说明:本条规定的是闲置宅基地治理的基本原则。对基本原则进行规定也是我国立法的惯例。本条规定的明晰产权,要求在进行闲置宅基地治理的时候必须进行确权和颁证,使宅基地的归属明确化和具体化,这也是保障农民利益的前提。因地制宜则考虑了我国广大农村的实际情况，不同地区应该结合本地具体情况进行治理，但是必须符合我国的耕地保护政策和土地用途管制。公众参与是尊重农民作为宅基地实际使用者的基本权利，以农民为主体实现闲置宅基地的有效治理，不得强迫农民进行。规划是治理的必要基础，有效合理的治理措施必须依赖科学可行的村庄规划。一旦规划确定，就要严格执行。

第四条　闲置宅基地可以通过买卖、出租、抵押、继承等方式进行流转。

立法理由及说明：本条规定了闲置宅基地流动的主要方式。闲置宅基地的流转主要有买卖、出租、抵押、继承等方式。允许闲置宅基地的流转，不仅符合农民自身利益的最大化，而且是城乡统筹一体发展的基本要求。目前，已经开始出现宅基地流转的地方实践，这些实践所积累的经验也将为闲置宅基地的流转提供良好的样本。

第五条　闲置宅基地的买卖必须采用书面形式。允许城镇居民购买农村的闲置宅基地和闲置房屋，但在同等条件下，本集体经济组织成员享有优先购买权。

立法理由及说明：本条是对闲置宅基地买卖的基本形式和条件所作的具体规定。对闲置宅基地的买卖，必须采用书面形式。这是因为宅基地作为不动产价值较大，尤其是对于农民来说是最大价值的财产，为保障农民权益，必须采用书面形式。同时本条基于宅基地身份性、福利性和保障性的要求，规定本集体经济组织成员在同等条件下享有优先购买权。

第六条　允许城镇居民继承闲置房屋，宅基地一并由继承人继承。没有在建房屋的闲置宅基地由村委会予以收回。

立法理由及说明：本条规定了闲置宅基地的继承。我国已有的法律没有关于宅基地可以继承的规定。本条规定闲置房屋和作为房屋地基的宅基地一并由继承人继承,不仅符合“房地一体”的基本原则,而且是对农村现实情况的积极回应。但是对于只有闲置宅基地而没有闲置房屋的,则不允许继承,应该由村委会统一收回。因为宅基地本身并不像房屋一样是属于农户个人所有的财产,应该属于集体所有。因此村委会可以收回。

第七条　利用闲置住房进行抵押的,宅基地一并抵押。

立法理由及说明:本条规定了闲置房屋和闲置宅基地的一并抵押。房屋作为农民自己的财产,农民有权进行任何处分,其中就包括了通过房屋的抵押来获得贷款等资本进行农业生产。根据“房地一体”原则,房屋赖以存在的宅基地也应一并抵押。这是对农民财产处分权利的尊重,也是保障抵押顺利实行的基础。

第八条　实行闲置宅基地自愿有偿退出机制。

立法理由及说明:本条规定了闲置宅基地的自愿有偿退出。鼓励农民自愿退出闲置宅基地,可以对农村土地进行有效的节约集约利用。实行有偿退出,重在“有偿”,既是宅基地价值的体现,也是对农民退出的闲置宅基地进行价值的交换和补偿,从而激发农民退出闲置宅基地的积极性。

第九条　闲置宅基地的退出补偿实行房地同补原则。具体补偿标准由各地方根据本地实际情况确定,可以参考同一时期国有土地征收的补偿标准。

立法理由及说明:本条规定了闲置宅基地退出的补偿原则,实行房地同补原则。不仅要补偿宅基地本身的价值,还要补偿宅基地上房屋的价值。由于各地经济发展水平不一样,可以由各地根据同一时期国有土地征收的价格进行补偿。

第十条　退出闲置宅基地实施集中居住的,由当地政府无偿划拨宅基地,并给予建房补贴。建房补贴不得少于农民实际建房费用的50%。划拨宅基地必须严格执行“一户一宅”和当地政府规定的宅基地面积。

立法理由及说明:本条主要规定了通过移民搬迁进行集中居住的补偿问题。实现集中居住也是闲置宅基地治理的重要措施和方式。在农民退出原有宅基地实行集中居住的,新获得的宅基地由政府无偿提供,同时要对农民新建住房实行补贴。考虑农民经济实力和能力情况,规定应该不少于建房实际费用的50%,以保障农民的基本生活需求。同时也要严格执行“一户一宅”和宅基地规定的面积,不得再发生“一户多宅”和宅基地超标建造的情况。

第十一条　退出闲置宅基地前往城镇居住的,由政府根据农户实际人口,以每人35平方米的面积进行无偿安置,同时给予资金补助。

立法理由及说明:本条是针对宅基地退出以后进城居住农民补偿的规定。对于退出宅基地进城居住的农民,应该由政府提供相应面积的住房予以安置。具体标准是以农户实际人口来确定,每人35平方米。同时,要为农民提供资金补助,要考虑农民进行搬迁、装修等工作的资金需求。这既是对农民进城基本生活的满足需要,也是地方已有经验的总结。

第十二条　自愿退出闲置宅基地的,除了按照规定予以补偿外,还应该给予奖励。奖励标准在充分征求农户意愿的前提下由地方政府制定。

立法理由及说明:本条规定了政府对于自愿退出宅基地农户的奖励。这也是鼓励农村积极腾退宅基地的有效措施。通过奖励措施,使农民能够感受到腾退闲置宅基地所带来的利益,顺利实行闲置宅基地的退出。具体奖励的标准由政府制定,但是在制定奖励标准之前要充分征求农民的意见。

第十三条　国家基于公益利益的需要征收闲置宅基地的,应该给予公平补偿,依照法律规定的权限和程序进行。

立法理由及说明:本条规定了对闲置宅基地进行征收的要求。征收是国家基于发展的需要对农民宅基地使用权收回的一种合法行为。但是征收农民的闲置宅基地必须基于公共利益的需要,不得因为任何商业用途进行征收。同时要求依法进行,公平补偿。具体而言,应当依法足额支付宅基地补偿费、安置补助费、地上附着物的补偿费等费用,安排被征地农民的社会保障费用保障被征地农民的生活,维护被征地农民的合法权益征收闲置的个人房屋,应当依法给予拆迁补偿,维护被征收人的合法权益,还应当保障被征收人的居住条件。

第十四条　闲置宅基地退出以后所产生的增值收益,全部返还农村,由农户和村民委员会享有,具体比例可以协商确定,但农户所占比例不得少于85%。政府按照法律规定收取相关税费,不得参与增值收益款的分配。

立法理由及说明:本条规定了闲置宅基地退出以后收益的分配问题。闲置宅基地退出以后,通过土地市场所增值的收益,应该由原来的所有权人和使用权人享有,并且主要由农户来享有,比例不得低于85%。村委会可以提留部分收益用于本集体经济组织公共设施和基础设施的完善。政府部门只能依据法律规定收取相关税费,不得参与增值利益的分享,防止政府为自己的利益强迫农民退出宅基地。

第十五条　建立健全与宅基地退出制度相衔接的户籍、医疗、就业、教育、社会保障等制度,切实保障退出农户的生活质量。

立法理由及说明：本条规定了闲置宅基地退出的保障措施。农民在退出宅基地以后，就会失去他们赖以生存的基础。因此，政府必须不断健全和完善相关配套措施，尤其是和农民切身利益相关的户籍制度、医疗保障、就业保障、子女教育问题和社会保障措施。完善的制度保障和安排，是农民积极退出闲置宅基地的有效前提，也是国家保障农民生活质量的责任。

第十六条　建立闲置宅基地治理专项资金。资金由村委会提取的收益、政府补贴构成，积极引导社会资金进行闲置宅基地治理。

立法理由及说明：本条规定的是闲置宅基地治理的资金来源。闲置宅基地的治理需要对农民进行补偿，也需要对宅基地本身进行整治，这就需要大量的资金。而仅靠村委会显然无法完成这样的任务。这就需要政府的财政支持和社会资金的投入。可以根据“谁投资谁受益”的基本原则，积极引入社会资金进行闲置宅基地的治理。

第十七条　鼓励对农村闲置宅基地进行开发利用。充分利用闲置宅基地进行体育、文化、卫生、养老、休闲绿地等公共基础和服务设施建设。

立法理由及说明：本条规定了闲置宅基地的开发利用。对闲置宅基地进行开发利用已经被很多地方作为闲置宅基地治理的有效手段，而且发展出了很多不同的模式。本条规定的是通过闲置宅基地来发展和完善乡村的公共基础和服务设施，优先考虑利用闲置宅基地来建设体育、文化、卫生、养老、休闲绿地等，优化乡村的人居环境。

第十八条　充分利用闲置宅基地发展休闲农业、乡村旅游和互联网农业。注重保护开发古村古镇和宗祠寺庙。鼓励引进社会资本对闲置宅基地进行合作开发运营。

立法理由及说明：本条也规定了闲置宅基地的开发利用。本条对规定的开发利用主要是基于农民利益的实行，通过休闲农业、乡村旅游和互联网农业，鼓励社会资本，尤其是互联网企业积极在农村设立物流园区和信息服务站，达到闲置宅基地的有效利用和乡村环境的美化。同时，规定了对于有历史和文化价值的古村古镇和宗祠寺庙的保护，注重乡村文化的传承与发展。

第十九条　经村委会认定属于闲置宅基地的，也可以由村委会依法收回。

立法理由及说明：本条规定了闲置宅基地的收回。收回的主体是村委会。一旦村委会根据前面规定的情形认定为闲置宅基地的，则可以依法收回。收回闲置的宅基地不仅是村委会作为宅基地所有权人行使所有权的表现，而且是实行土地节约集约利用的基本要求。

第二十条　鼓励农村闲置宅基地复垦为耕地。复垦后的耕地由原宅基地使用权人优先承包耕种。也可以由其他人进行耕种，或者由村委会同意经营管理。

立法理由及说明：本条规定了闲置宅基地的复垦。对于因为地理位置或者环境气候等因素不能进行充分利用的闲置宅基地，应该实行复垦。根据土地的情况复垦为耕地或者林地，保护土地和环境。对于复垦的宅基地，原宅基地使用权人应该享有优先的承包权。如果原使用权人不愿意承包进行耕种，则可以由村委会承包给别人或者由村委会统一集中经营。

第二十一条　各地政府管理部门必须切实强化闲置宅基地治理过程监管。对村民违法占用、违规取得的宅基地和建房中存在的违法行为，要切实履行监管和查处职能，做到对违法行为早发现、早制止、早查处、早拆除，并可依法收回宅基地。

立法理由及说明：本条规定了政府部门的监管责任。作为土地的管理者，政府有责任对于在宅基地治理过程中出现的各种违法行为进行监督检查，以确保闲置宅基地治理的效果，实现我国耕地保护和土地用途管制的基本要求。

第三节　其他配套法律措施的制度设计

一、实施农村宅基地有偿使用

目前，我国农村宅基地问题主要症结就是宅基地的无偿划拨和使用。实行宅基地的有偿使用不仅可以体现宅基地的商品价值，还能使实践中存在的“一户多宅”、超标建造、乱占乱建、占用耕地建造房屋等滥用集体土地建房的现象得到根治。同时，可以降低对于宅基地管理的社会成本和宅基地增加的数量与面积。但是在宅基地实施有偿使用的时候，要坚持基本的原则和具体的方法。

1. 坚决维护农村土地集体所有制，维护所有者和使用者的合法权益。这是中央就宅基地试点改革所提出的 3 条基本底线之一。我国是社会主义公有制国家，必须坚持集体土地的所有权，任何改变土地所有权的改革都是不允许的。

2. 对宅基地实施有偿使用要确立基本的前提。由于宅基地具有很强的身份性、福利性和保障性，因此对于宅基地的初次取得，仍应限定其基本身份，取得对象为本集体经济组织成员。同时，宅基地的初次取得仍应坚持无偿使用制度。但是对于“一户多宅”或者超过规定面积占用宅基地的，对于多出规定面积标准的宅基地应该实行有偿使用。

3. 为保障农民基本生活需要和公平，宅基地的有偿使用要确定合理的收费标准。既能体现宅基地的价值，符合地价原则，又要使绝大多数的农民能够承担得起，不能增加农民的经济负担。

4. 宅基地使用费要因地而异、因人而异，区别对待。对于本集体经济组织的成员要比本集体经济组织以外的成员收费要低。不同地区根据自己的经济社会发展水平综合确定宅基地有偿使用的标准。

5. 宅基地实行有偿使用，也要允许宅基地随房一体转让，促进农村宅基地的合法流转。

6. 建立宅基地使用费的专项使用保管和使用制度。主要用于本村基础设施和公共设施的建设与维护。同时，建立健全宅基地使用费的分配机制，明确集体经济组织和农户之间的收益比例。

通过农村宅基地的有偿使用，为农村宅基地进入土地市场与国有建设用地实行同地同酬，能够使大量闲置的农房和宅基地得到合理的利用或治理，从而有效地实现土地的节约集约利用，落实我国的耕地保护政策，还能增加农村集体经济组织和农民的收入。

二、考虑“逆城市化”趋势下农民工回乡养老需求的协调

“逆城市化”是城市化发展过程中，尤其是随着各种“城市病”的出现，大城市的人口和就业岗位逐渐向中心城市周围的小城镇、非中心城区或中心城区外较小的都市区迁移的一种分散化过程。在宅基地退出过程中，要建立可逆的制度框架。当农民工在城市的基本生活得不到保障而又无法享受城市的各种保障措施时，他们就会选择回乡养老。对于这部分回乡的农民工，要根

据具体情况进行宅基地的再分配，主要是判断其是否符合“保障性标准”的要求，即对于闲置房屋所占用的宅基地，不再使用“农村户口”作为是否保留宅基地的判断标准，应根据该户在城市有无住房、城市工作的固定性以及闲置时间等因素来判断其是否符合“保障性”的要求，进而确定是否应该为这些返乡的农户无偿分配宅基地，以满足其住房需要。[①] 如果不符合“保障性标准”，则无须再进行分配宅基地，否则会造成宅基地的浪费和不公平。如果返乡的农民符合“保障性标准”，则可以对其无偿分配宅基地，以保障其基本生存和发展的需求。这也是作为基本人权的生存权理念的基本要求和内容。通过这种保障性的设置，可以有效地对退出的宅基地进行治理，同时也可以为将来“逆城市化”可能出现的宅基地需求提供制度供给的多样性和回旋的余地。

三、注重农村传统文化的传承与发展

2014 年中央农村工作会议已经提出，农村是我国传统文明的发源地，乡土文化的根不能断，农村不能成为荒芜的农村、留守的农村、记忆中的故园。要重视农村“三留守”问题，搞好农村民生保障和改善工作，健全农村留守儿童、留守妇女、留守老年人关爱服务体系，坚持不懈推进扶贫开发，实行精准扶贫。要重视空心村问题，推进农村人居环境整治，继续推进社会主义新农村建设，为农民建设幸福家园和美丽乡村。因此，在闲置宅基地的治理过程中，要注重对传统文化的发掘、保护以及传承，不能因为治理闲置宅基地的需要而被迫放弃或遗忘。农民对于生活了几十年甚至上百年的村庄具有非常浓厚的感情，他们深知，土地是他

---

① 杨遂全、张锰霖、钱力：《城乡一体化背景下农村闲置房屋的出路》，载《农村经济》2015 年第 1 期。

们的一切。如果土地能给他们带来的是物质利益的基本保障,那么土地所附着的乡土文化则是农民的精神财富,如特定的观念、仪式、口号、语言、服饰等。而这种精神财富具有很强的地域性,一旦离开了特定的生存环境可能就会衰落和消亡,特别是一些具有浓郁特色的地方文化,更是依赖于特定的地理环境才能发展出来。尤其是要注重对具有悠久历史传承的古村、古镇等的保护和开发利用。而另外,在闲置宅基地治理过程中,也要对传统中国农村的丧葬文化予以重视。在很多农村,居民生活的村庄周围可能就是各家各户的祖坟,基本上都是一个个家族的祖先的"宅基地"。在对村庄宅基地进行治理过程中,要合理考虑因为宅基地的流转、退出和利用等治理措施对乡村丧葬文化的影响,并采取合理措施进行妥善解决。尤其是在实行集中统一居住、退出宅基地的情况下,应该为村民合理预留一定的墓地用地或者实行公墓园区进行统一安置,以免村民因为没有固定的墓地而乱占耕地等进行安葬,造成土地的浪费和耕地的破坏。

四、通过生态移民、精准扶贫治理闲置宅基地

(一)不适宜居住农村实际退耕还林和生态移民

由于我国农村范围广、面积大,所处的地理位置差异也比较大。有的村庄可以通过闲置宅基地的再利用来进行村庄的治理,改善人居环境。但是有些村庄由于地理位置、气候和环境等原因不适宜人类继续生产和发展,则没有开发利用的价值。对于这些村庄的宅基地,可以进行整体的生态移民搬迁,同时对废弃的宅基地进行退耕还林,因地制宜地进行种草造林,恢复林草植被。比如,笔者调研的古浪县,就对位于祁连山余脉山区的农民实行整体生态搬迁移民。对于海拔在2500米以上的村庄进行整体搬迁移民,搬到地势平坦和交通便利的省道边上,统一集中居住。

对于搬迁腾退的宅基地则实行退耕还林工程,根据不同地域的宅基地土壤情况,由政府统一进行种草或者造林作业,恢复水土。

(二)通过精准扶贫治理闲置宅基地

2013 年 11 月习近平总书记在湖南湘西考察时首次作出了“实事求是、因地制宜、分类指导、精准扶贫”的重要指示。2014 年 1 月中共中央办公厅详细规制了精准扶贫工作模式的顶层设计,推动了“精准扶贫”思想落地。精准扶贫是针对不同贫困区域环境、不同贫困农户状况,运用科学有效程序对扶贫对象实施精确识别、精确帮扶、精确管理的治贫方式。精准扶贫对于闲置宅基地的治理具有重要的意义。一是可以通过精准扶贫的“精准”二字,准备掌握农村宅基地的闲置情况以及闲置的原因,有针对性地提出治理措施。比如,精准扶贫提出的精准识别,就是通过有效和规范的程序将农村的贫困户识别出来,进行针对性的扶贫。在此过程中,也可以对农村的宅基地情况作出精准的识别和掌握。二是可以通过精准扶贫的“六个到村到户”进行闲置房屋的治理。“六个到村到户”是指基础设施到村到户、产业扶持到村到户、教育培训到村到户、农村危房改造到村到户、扶贫生态移民到村到户、结对帮扶到村到户。结合精准扶贫的农村危房改造到户,将闲置的农村房屋予以改造再利用,可以有效治理闲置宅基地。三是结合精准扶贫的易地搬迁安置措施,对不适合继续居住的农村进行生态移民搬迁。

五、设立农宅抵押的国家再担保基金

2015 年 8 月国务院发布了《关于开展农村承包土地的经营权和农民住房财产权抵押贷款试点的指导意见》,提出要慎重稳妥推进农民住房财产权抵押、担保、转让试点,做好农村承包土地(指耕地)的经营权和农民住房财产权抵押贷款试点工作。2015

年12月全国人大授权国务院在天津市蓟县等59个试点县(市、区)行政区域,暂时调整实施物权法、担保法关于集体所有的宅基地使用权不得抵押的规定,允许以农民住房财产权(含宅基地使用权)抵押贷款。这将为闲置宅基地的治理提供新的途径和方式。通过对闲置农房的抵押,农民可以获得贷款进行再生产。但是目前推进比较困难,主要原因是作为营利性主体的银行等金融机构担心农民的偿还能力问题。中国农业银行在2016年2月出台了相关的农宅抵押贷款办法,但是也设置了比较多的条件。①

2016年3月25日中国人民银行、中国银行业监督管理委员会、中国保险监督管理委员会、财政部、国土资源部、住房和城乡建设部印发了《农民住房财产权抵押贷款试点暂行办法》,规定了抵押的条件、程序和抵押物的处置措施等,使农宅抵押有了明确的依据。同时规定,鼓励试点地区政府设立农民住房财产权抵押贷款风险补偿基金,用于分担自然灾害等不可抗力造成的贷款损失和保障抵押物处置期间农民基本居住权益,或根据地方财力对农民住房财产权抵押贷款给予适当贴息,增强贷款人放贷激励。在此基础上,可以考虑以2015年国务院发布的《关于促进融资担保行业加快发展的意见》为基础,设置国家融资担保基金。以省级、地市级为重点,通过科学布局,发展一批政府出资为主的政府性融资担保机构,为农宅抵押提供政府担保。同时,积极推

① 《中国农业银行农民住房财产权抵押贷款管理办法(试行)》中规定了贷款的条件,具体包括:对当地县级及以上政府允许开办此项业务,并已出台农民住房财产权抵押登记、处置流转等相关政策文件;辖内农民住房和宅基地确权颁证率较高;已建立农民住房产权交易平台,农民住房价值评估、抵押登记和处置流转机制健全;农民住房抵押、转让在当地受司法实践保护,或采取政府背景的担保公司、风险补偿基金等措施增信。

进政府主导的省级再担保机构的发展和全覆盖，构建国家融资担保基金、省级再担保机构、宅基地所在辖区内融资担保机构的三层组织体系，有效分散融资担保机构风险，发挥再担保“稳定器”作用。

首先，应该设立三层担保机构，即先由国务院设立全国性的担保基金，同时要求各省、自治区、直辖市建立地方担保基金，农村宅基地所在的市或区再设立由政府出资的担保公司。国家担保基金的资金来源主要是三个方面：一是全国各地区政府保证基金缴纳的会费；二是政府的财政预算拨款；三是金融机构的捐助款。其次，全国担保基金与地方担保基金建立再担保关系，自动对全国各地信用担保基金提供担保的项目实施再担保，并承担连带赔偿责任。一旦出现贷款违约，由国家担保基金先行承担贷款金额的90%，剩余的10%则由金融机构自己承担。最后，各地政府还应该设置风险补偿基金，以分担自然灾害等不可抗力造成的贷款损失和农民住房权益的保障。在农村房屋和宅基地抵押过程中，由农民用自己的房屋和宅基地作为抵押物向金融机构进行抵押，同时由宅基地所在市或区的政府出资的担保公司进行担保，使农民获得贷款。在农民无法偿还贷款或者发生其他约定实现抵押权的情形时，可以先由政府担保基金偿还农民贷款，然后由政府对农民住宅保障情况进行调查。如果发现农民没有其他住房和生活保障，则可以运用风险补偿基金对农民进行补偿安置。如果农民有其他的住房保障，则可以由政府收回抵押物，通过招标或公开拍卖的方式实现担保资金的回收。通过政府担保基金为农宅抵押提供担保，一方面，可以有效防止将来农民偿还贷款难的问题；另一方面，在农民无法偿还贷款的情况下，可以防止农宅被银行等金融机构处置，迫使农民无处居住情况的发生，保障农民基本的生存权和发展权。

第四节 制度设计的可行性分析

制度设计的最终目的是要解决实践当中出现的问题。面对我国农村宅基地的大量闲置和浪费,笔者提出,应该放开闲置宅基地的流转,实行自愿有偿退出和开发利用等治理措施,并且建议制定农村宅基地管理法,用专章规定闲置宅基地的治理问题。同时提出,在进行闲置宅基地治理的时候也要不断完善相关配套政策,确保对闲置宅基地的有效治理和对农民权益的保护。笔者认为,这些建议和措施能够对我国闲置宅基地的治理起到一定的积极作用,不仅是必要的,而且是可行的。

一、宅基地改革试点提供的良好契机

2015 年 12 月全国人大常委会为落实农村土地用益物权,赋予农民更多财产权利,深化农村金融改革创新,有效盘活农村资源、资金、资产,为稳步推进农村土地制度改革提供经验和模式,授权在天津市蓟县等 59 个试点县(市、区)行政区域暂时调整实施我国《物权法》《担保法》关于集体所有的宅基地使用权不得抵押的规定。上述调整在 2017 年 12 月 31 日前试行。全国人大常委会决定强调,暂时调整实施有关法律规定,必须坚守土地公有制性质不改变、耕地红线不突破、农民利益不受损的底线,坚持从实际出发,因地制宜。这次土地改革试点工作的启动将会对我国现有的土地制度作出一些重大的突破,其中就包括宅基地制度的改革和突破。虽然本次改革试点就宅基地制度而言,主要是涉及宅基地使用权抵押的放开,但是这会为农村发展和农民增收创造

有利的条件和途径。根据笔者前面的分析可知，闲置宅基地出现的其中一个原因就是宅基地价值无法实现，农民基于利益的驱动和追求，会放任宅基地闲置。本次改革试点的实行，将会激活那些属于“死产”的闲置宅基地。农民通过对闲置房屋的抵押，使闲置的宅基地也一并抵押，实现宅基地的资产价值。作为用益物权之一的宅基地使用权，在目前的制度框架内完全没有体现出作为用益物权的收益功能。因此，各地政府可以以此授权为基础，根据授权的文件精神和规定，通过闲置房屋和宅基地的抵押，最大化地体现宅基地的资产价值，体现宅基地使用权的用益物权属性，再加上相关配套制度的设计和改革，实现闲置宅基地的有效治理。

二、相关法律的修改和制度的完善提供的制度支持

笔者在前面的建议中提到，要制定农村宅基地管理法，并用专章规定闲置宅基地的治理问题，同时提到了配套制度的改革和完善。从目前来看，我国相关法律制度的修改和完善将会使这些措施更具有操作性和可行性。

一是我国《土地管理法》和相关土地法律的修改和完善，将为闲置宅基地的治理提供制度支持。第十二届全国人大常委会已把土地管理法的修改列入了本届人大立法规划中的第一类项目，即条件比较成熟、任期内拟提请审议的法律草案。国土资源部（现为自然资源部）也将配合立法机关完成土地管理法及其配套法规的修订和制定。[①]《土地管理法》作为我国农村宅基地管

① 《土地管理法修改列入一类立法项目》，载法制网：http://www.legaldaily.com.cn/index_article/content/2016－02/16/content_6485131.htm? node＝5955，最后访问日期：2016年3月20日。

理的基本法律，规定了我国宅基地取得以及权利行使的主要内容，形成了以《土地管理法》为龙头，以《土地管理法实施条例》和各省、市、自治区的土地管理办法和意见为主体的土地管理法律制度的框架。《土地管理法》将会以截至2017年的土地改革试点的经验为基础，以城乡统一土地市场为目标进行修改。这将必然会涉及宅基地制度的改革，也必然会涉及闲置宅基地的治理问题。因此，可以以此为契机，在进行《土地管理法》等相关法律修改的过程中，积极推进"农村宅基地管理法"的制定和出台。

二是我国已经开展的户籍改革将会为农民进城提供制度保障。国务院2014年发布的《关于进一步推进户籍制度改革的意见》指出，要调整户口的迁移政策，积极推进统一城乡户口登记制度。同时指出，要完善农村土地产权制度改革。加快推进农村土地确权、登记、颁证，依法保障农民的土地承包经营权、宅基地使用权。推进农村集体经济组织产权制度改革，探索集体经济组织成员资格认定办法和集体经济有效实现形式，保护成员的集体财产权和收益分配权。建立农村产权流转交易市场，推动农村产权流转交易公开、公正、规范运行。坚持依法、自愿、有偿的原则，引导农业转移人口有序流转土地承包经营权。进城落户农民是否有偿退出"三权"，应根据党的十八届三中全会精神，在尊重农民意愿前提下开展试点。现阶段，不得以退出土地承包经营权、宅基地使用权、集体收益分配权作为农民进城落户的条件。通过户籍制度和农村土地产权制度相结合，将会有效地提高农民流转和退出宅基地的意愿，为闲置宅基地的有效治理提供制度支持。

三是我国精准扶贫、生态移民、支持农村电子商务发展等政策和制度的完善，将会进一步使闲置宅基地的治理措施更加具有操作性和可行性。根据《关于创新机制扎实推进农村扶贫开发工作的意见》要求，为了实现2020年全面建成小康社会的目标，要制定贫困地区危房改造计划，继续加大对贫困地区和贫困人口倾斜力度。确保改造户住房达到最低建设要求。完善现有危房改造信息系统，有步骤地向社会公开。加强对农村危房改造的管理和监督检查。到2020年，完成贫困地区存量农村危房改造任务，解决贫困农户住房安全问题。可以此为契机，加强和完善对闲置房屋的治理。也可以结合精准扶贫模式下的易地搬迁和生态移民方式实现宅基地的治理。

2015年9月，农业部、国家发展和改革委员会、商务部联合发布《推进农业电子商务发展行动计划》，指出积极实施“互联网+”现代农业行动，扎实推进农业电子商务快速健康。2015年12月国务院发布了《国务院办公厅关于促进农村电子商务加快发展的指导意见》，强调农村电子商务是转变农业发展方式的重要手段，有利于推动农业升级、农村发展和农民增收。2016年中央一号文件专门用一条来指导休闲农业的发展，指出要继续大力发展休闲农业和乡村旅游。支持和鼓励有条件的地方因地制宜，通过盘活农村的闲置房屋、闲置宅基地和其他集体建设用地、“四荒地”等资产资源发展休闲农业和乡村旅游。休闲农业、农村电子商务的发展和“互联网农业”的出现，也会对闲置宅基地的治理起到很好的作用。在国家相关文件和政策的大力支持下，各地可以结合本地实际情况，尤其是宅基地改革试点地区，可以在此基础上通过税收等优惠措施，为社会资本注入农村进行宅基地整治创造条件，加大农村互联网接入的力度，鼓励互联网企业在农村利用闲置宅基地建立物流园区和网络信息服务站，实现闲置宅基地的再利用。

三、地方实践提供的经验支持

尽管中央层面对于宅基地制度的改革试点才刚刚开始,但是地方政府进行的相关农村土地产权制度改革一直在探索和发展之中。从山东省的宅基地有偿使用制度的探索,到重庆市、上海市、天津市等地的宅基地换房、换社保等方式,再到成都市的置换、联建等模式,地方政府一直在积极推动宅基地制度的改革和实践。这些改革探索在一定程度上为我国未来宅基地制度的改革提供了非常好的借鉴,也为笔者提出的闲置宅基地治理的建议和措施提供了经验支持。比如,山东省试行的宅基地有偿使用制度,可以有效地解决"一户多宅"和宅基地超标的问题;重庆市将户籍制度改革和农村宅基地退出相关挂钩,通过户籍制度的改革为农民退出宅基地解决了后顾之忧。这些地方实践在一定程度上已经突破了现有法律制度的框架,有的地方的做法也曾被禁止或叫停。但是从发展趋势和改革意愿来看,这些地方的做法都有一定的前瞻性,应该在改革试点的基础上加以总结,制定相应的配套规范予以保障。有了这些地方提供的经验支持,闲置宅基地治理中的流转、退出和开发利用等措施以及与此相关的配套制度改革也会更加完善。通过不断地实践和总结,真正使其具有可操作性,对我国闲置宅基地的治理起到积极作用。

闲置宅基地的治理是一项系统性的工程,不仅涉及农村宅基地和农民财产利益的实现问题,也涉及我国耕地保护和土地的有效利用。合理的制度设计和建议是闲置宅基地治理的前提,相关配套制度的建立和完善则是治理的重要保障,两者必须有效结合,才能真正实现闲置宅基地治理的目标,确保我国耕地红线和粮食安全。2014 年中央农村工作会议已经提出,农村是我国传统文明的发源地,乡土文化的根不能断,农村不能成为荒芜的农村、留守的农村、记忆中的故园。要重视农村“三留守”问题，搞好农村民生保障和改善工作，健全农村留守儿童、留守妇女、留守老年人关爱服务体系，坚持不懈推进扶贫开发，实行精准扶贫。要重视空心村问题，推进农村人居环境整治，继续推进社会主义新农村建设，为农民建设幸福家园和美丽乡村。面对目前农村宅基地的大量闲置，应该重视对闲置宅基地问题的研究，抓紧制定农村宅基地管理法，在依法确权登记的前提下，积极推进宅基地流转、退出和开发利用等制度的建立，充分尊重农民意愿，全面保障农民利益，维护农村社会稳定和长久发展。

参考文献

一、著作类

1. 杨遂全等:《“小产权房”处置与土地制度创新——以城乡房上联建权合法化为突破口》,法律出版社 2013 年版。

2. 杨遂全:《比较民商法学》(修订版),法律出版社 2007 年版。

3. 杨遂全:《中国之路与中国民法典——不能忽视的 100 个现实问题》,法律出版社 2005 年版。

4. 梁慧星主编:《中国物权法研究》,法律出版社 1998 年版。

5. 于宵:《中英比较视野下的宅基地法律改革》,上海人民出版社 2013 年版。

6. 马克伟主编:《土地大辞典》,长春出版社 1991 年版。

7. 陈洪博主编:《土地科学词典》,江苏科学技术出版社 1992 年版。

8. 王旭光、范志明主编:《物权法适用疑难问题研究》,山东人民出版社 2007 年版。

9. 李剑阁主编:《中国新农村建设调查》,上海远东出版社 2007 年版。

10. 赵树枫等编著:《农村宅基地制度与城乡一体化》,中国经济出版社 2015 年版。

11. [美]诺斯:《经济史中的结构与变迁》,陈郁等译,三联书店上海分店 1991 年版。

12. [美]R. 科斯、A. 阿尔钦等:《财产权利与制度变迁——产权学派与新制度学派译文集》,刘守英等译,三联书店上海分店、上海人民出版社 2002 年版。

13. 孙宪忠:《争议与思考——物权立法笔记》,中国人民大学出版社 2006 年版。

14. [美]利贝卡普:《产权的缔约分析》,陈宇东等译,中国社会科学出版社 2001 年版。

15. 谷春德主编:《西方法律思想史》,中国人民大学出版社 2004 年版。

16. [英]霍布斯:《利维坦》,黎思复、黎廷弼译,商务印书馆 1985 年版。

17. [英]洛克:《政府论》(下),叶启芳、瞿菊农译,商务印书馆 1964 年版。

18. 王利明等撰稿:《中国民法典学者建议稿及立法理由》(物权编),法律出版社 2005 年版。

19. [美]丹尼尔 · W. 布罗姆利:《经济利益与经济制度——

公共政策的理论基础》，陈郁、郭宇峰、汪春译，上海三联书店、上海人民出版社 1996 年版。

20. 宋戈：《中国城镇化过程中土地利用问题研究》，中国农业出版社 2005 年版。

21. 郑凌志主编：《中国土地政策蓝皮书》(2014)，中国社会科学出版社 2014 年版。

22. 房绍坤：《物权法用益物权编》，中国人民大学出版社 2007 年版。

23. 王启富、刘金国主编：《人权问题的法理学研究》，中国政法大学出版社 2002 年版。

24. 王利明：《物权法研究》，中国人民大学出版社 2002 年版。

25. 陈志尚：《从马克思主义看人权的哲学基础》，载白桂梅主编：《国际人权与发展——中国和加拿大的视角》，法律出版社 1998 年版。

26. 江平主编：《中国土地立法研究》，中国政法大学出版社 1999 年版。

27. 孟勤国：《中国农村土地流转问题研究》，法律出版社 2009 年版。

28. 曹泮天：《宅基地使用权流转法律问题研究》，法律出版社 2012 年版。

29. 马林靖：《快速城市化进程中来自新市民的声音——天津宅基地换房农民的就业与生活考察》，南开大学出版社 2012 年版。

30. 宋士云：《中国农村社会保障制度结构与变迁：1949—2002》，人民出版社 2006 年版。

31. 王卫国：《中国土地权利研究》，中国政法大学出版社

2003 年版。

32. 梁慧星:《中国民法典草案建议稿附理由》(物权编),法律出版社 2004 年版。

33. 刘俊:《中国土地法理论问题研究》,法律出版社 2006 年版。

34. 温铁军:《中国农村基本经济制度研究》,中国经济出版社 2000 年版。

35. 吴远来:《农村宅基地产权制度研究》,湖南人民出版社 2010 年版。

36. 喻文莉:《转型期宅基地使用权制度研究》,法律出版社 2011 年版。

37. 王利明:《中国物权法草案建议稿及说明》,中国法制出版社 2001 年版。

38. [美]罗尔斯:《正义论》,何怀宏等译,中国社会科学出版社 1988 年版。

39. 吴越等:《农村集体土地流转与农民土地权益保障的制度选择》,法律出版社 2012 年版。

40. 梁慧星:《中国物权法研究》(上),法律出版社 2001 年版。

41. 刘润秋:《中国农村土地流转制度研究——基于利益协调的视角》,经济管理出版社 2012 年版。

42. 张孝成主编:《重庆统筹城乡土地管理制度改革研究文集——宅基地管理篇》,西南师范大学出版社 2013 年版。

43. 向勇:《中国宅基地立法基本问题研究》,中国政法大学出版社 2015 年版。

44. 韩清怀:《农村宅基地使用权制度研究》,中国政法大学出版社 2015 年版。

45. 梁慧星:《民法总论》,法律出版社 2011 年版。

46. 国土资源部法律评价工程重点实验室、广东省东莞市国土资源局编著:《〈闲置土地处置办法〉实施后评估报告》,中国法制出版社 2012 年版。

47. 阮梅洪:《宅基地价值化——一个义乌样本的观察与思考》,同济大学出版社 2010 年版。

48. [德]鲍尔、施蒂尔纳:《德国物权法》(上册),张双根译,法律出版社 2006 年版。

49. 邓玲:《国土开发与城镇建设》,四川大学出版社 2007 年版。

50. 陈小君等:《农村土地问题立法研究》,经济科学出版社 2012 年版。

51. 陈小君等:《田野、实证与法理:中国农村土地制度体系构建》,北京大学出版社 2012 年版。

52. 崔建远:《物权:规范与学说——以中国物权法的解释论为中心》(上、下),清华大学出版社 2011 年版。

53. 谢在全:《民法物权论》(上、下册),北京大学出版社 1999 年版。

54. [美]约翰 · G. 斯普兰克林:《美国财产法精解》,钟书峰译,北京大学出版社 2009 年版。

55. 王旭东:《中国农村宅基地制度研究》,中国建筑工业出版社 2011 年版。

56. 吴春岐:《中国土地法体系构建与制度创新研究》,经济管理出版社 2012 年版。

57. 陈明:《农地产权制度的创新与农民土地财产权利保

护》,湖北长江出版集团、湖北人民出版社 2006 年版。

58. 陈华彬:《民法典与民法物权》,法律出版社 2009 年版。

59. [日]关谷俊作:《日本的农地制度》,金洪云译,三联书店 2004 年版。

60. 高飞:《集体土地所有权主体制度研究》,法律出版社 2012 年版。

61. 丁关良:《农村土地承包经营权初论》,中国农业出版社 2009 年版。

62. 高圣平:《中国土地法制的现代化——以土地管理法的修改为中心》,法律出版社 2014 年版。

63. 温铁军主编:《中国新农村建设报告》,福建人民出版社 2010 年版。

64. 贺雪峰:《地权的逻辑Ⅱ——地权变革的真相与谬误》,东方出版社 2013 年版。

65. 仇保兴:《中国城镇化:机遇与挑战》,中国建筑工业出版社 2004 年版。

66. 李胜兰:《我国农村产权制度改革与农村城镇化发展》,中山大学出版社 2004 年版。

67. 厉以宁等:《中国道路与新城镇化》,商务印书馆 2012 年版。

68. 周其仁:《产权与制度变迁——中国改革的经验研究》,北京大学出版社 2004 年版。

69. 郑兴明:《中国城镇化进程中农民退出机制研究》,人民出版社 2012 年版。

70. 徐同文:《城乡一体化体制对策研究》,人民出版社 2011 年版。

71. 孟祥林、王印传:《新型城乡形态下的农村城镇化问题研究》,经济科学出版社2011年版。

72. 张兆福:《城镇化进程中土地利用变化理论及实证研究》,中国科学技术大学出版社2012年版。

73. 黄坤明:《城乡一体化路径演进研究:民本自发与政府自觉》,科学出版社2009年版。

74. 倪怀敏:《四川城乡一体化建设的法制调研与立法建议》,四川大学出版社2010年版。

75. Jon C. Teaford. Post-Suburbia, *Government and Politics in the Edge Cities*, The Jones Hopkins University Press, 1997.

二、论文类

1. 杨遂全、张锰霖、钱力:《城乡一体化背景下农村闲置房屋的出路》,载《农村经济》2015年第1期。

2. 杨遂全、李娟、文项:《宅基地流转的法学与经济学分析》,载《农村经济》2015年第12期。

3. 王海兰:《农村"空心村"的形成原因及解决对策探析》,载《农村经济》2005年第9期。

4. 武京涛:《中国农村宅基地的现状、原因及盘活措施》,载《经济研究导刊》2013年第18期。

5. 孟勤国:《物权法开禁农村宅基地交易之辩》,载《法学评论》2005年第4期。

6. 王崇敏:《我国农村宅基地使用权取得制度的现代化构建》,载《当代法学》2012年第5期。

7. 陈小君:《宅基地使用权制度:规范解析、实践挑战及其立法回应》,载《管理科学》2012年第5期。

8. 汪莉、尤佳:《土地整治中宅基地的退出激励机制——以安徽省为例》,载《政法论坛》2015 年第 4 期。

9. 杨玉珍:《农户闲置宅基地退出的影响因素及政策衔接——行为经济学视角》,载《经济地理》2015 年第 7 期。

10. 吕军书、马亚伟:《鼓励和引导农户宅基地有偿退出的途径分析》,载《农业经济》2015 年第 6 期。

11. 刁其怀:《宅基地退出:模式、问题及建议——以四川省成都市为例》,载《农村经济》2015 年第 12 期。

12. 张国斌:《德国土地整理给我们的启迪》,载《浙江国土资源》2008 年第 8 期。

13. 蒲春玲、吴郁玲、金晶:《国外土地整理实施经验对新疆土地整理的启示》,载《农村经济》2004 年第 2 期。

14. 王滔、段建南、杨君:《基于"三个最严格"的农村闲置土地问题分析》,载《江苏农业科学》2012 年第 8 期。

15. 孙丽青:《关于农村闲置土地综合治理的思考》,载《山西党校报》2013 年 6 月 15 日,C02 版。

16. 杨亚楠:《农村宅基地闲置状况研究综述》,载《现代农业科技》2008 年第 14 期。

17. 张昭:《关于河北省空心村治理的理论探讨》,载《河北师范大学学报》(自然科学版)1998 年第 4 期。

18. 张军英:《"空心村"改造的规划设计探索——以安徽省巢湖地区空心村改造为例》,载《建筑学报》1999 年第 11 期。

19. 薛力:《城市化背景下的"空心村"现象及其对策探讨——以江苏省为例》,载《城市规划》2001 年第 6 期。

20. 张娟娟:《"空心村"问题研究及对策探讨——以河南省沁阳市张坡村为例》,载《中南财经政法大学研究生学报》2009 年第 5 期。

21. 殷华:《关于“空心村”的研究报告》,载《上海农村经济》2007 年第 6 期。

22. 张正河等:《农村宅基地长期闲置“空心村名副其实”》,中国农村土地问题研讨会报道五,2005 年。

23. 许树辉:《农村住宅空心化形成机制及其调控研究》,载《国土与自然资源研究》2004 年第 1 期。

24. 苗清:《关于农村宅基地集约利用的思考》,载《国土资源通讯》2006 年第 1 期。

25. 朱明芬、邓容:《农村宅基地使用权隐性流转情况的实证调查》,载《农村经济》2012 年第 12 期。

26. 中国土地勘测规划院地政研究中心:《我国城市郊区宅基地问题研究》,载《中国土地》2007 年第 1 期。

27. 张建设、张玉:《农村闲置住房问题调查分析——河南省长垣县前大郭村为例》, 2013 International Conference on Psychology, Management and Social Science。

28. 李海丹:《江苏农村宅基地闲置程度量化及对策探讨》,载《浙江农业科学》2016 年第 1 期。

29. 徐显明:《生存权论》,载《中国社会科学》1992 年第 5 期。

30. 黄尚宁、张桂香、杨忠翰:《为农村发展“造血”——广西探索破解农村闲置宅基地整治利用难题》,载《南方国土资源》2014 年第 12 期。

31. 韩启德:《探索进城落户农民宅基地有偿退出机制》,载《人民论坛》2015 年第 4 期。

32. 张秀智、丁锐:《经济欠发达与偏远农村地区宅基地退出机制分析:案例研究》,载《中国农村观察》2009 年第 6 期。

33. 付娆:《农村宅基地:主要问题与对策建议——对四川省

双流县的实证分析》,载《农村经济》2008 年第 1 期。

34. 孟祥仲、辛宝海:《明晰使用产权:解决农村宅基地荒废问题的途径选择》,载《农村经济》2006 年第 10 期。

35. 卢向虎、杨延梅、蒋宗杰:《农村宅基地土地整理的再思考》,载《农村经济》2005 年第 6 期。

36. 屈信飞:《从西部农村“房屋遗弃”看当前西部农村发展危机——以西部某农村为例》,载《农村经济与科技》2011 年第 12 期。

37. 谢凤云:《当前农村闲置房屋破解思路》,载《人民论坛》,2010 年第 20 期。

38. 李英等:《农村宅基地使用存在的问题分析及政策建议——基于山东省栖霞市农村宅基地使用状况调查》,载《国土资源科技管理》2009 年第 6 期。

39. 吕军书、刘颖莹:《关于农户宅基地的利用状况、腾退意愿的调查及政策建议——基于河南省新乡市 190 个样本农户的实证研究》,载《经济体制改革》2015 年第 5 期。

40. 胡兰玲:《土地发展权论》,载《河北法学》2002 年第 2 期。

41. 韦波、熊凯、高明、殷帅:《中国农村闲置宅基地治理研究进展》,载《农村经济》2011 年第 12 期。

42. 杨建军、阮丽芬:《农村宅基地置换模式比较与分析——以上海佘山镇、天津华明镇、重庆九龙坡区为例》,载《华中建筑》2011 年第 2 期。

43. 高超、施建刚:《上海农村宅基地置换模式探析——以松江区佘山镇为例》,载《中国房地产》2010 年第 7 期。

44. 万广军:《宅基地使用权流转的新路径——成都“联建”政策的法经济学分析》,载《中州学刊》2011 年第 4 期。

45. 宋壮源:《新农村建议的创新之路——天津通过宅基地换房建设小城镇》,载《上海农村经济》2008 年第 10 期。

46. 崔丽娟:《天津"宅基地换房"与重庆"双交换"模式比较与借鉴》,载《天津经济》2010 年第 3 期。

47. 黄涛珍、姜小青:《双置换对征地制度的变革》,载《贵州农业科学》2013 年第 6 期。

48. 于建嵘、石凤友:《关于当前我国农村土地确权的几个重要问题》,载《东南学术》2012 年第 4 期。

49. 吕斌、杜姗姗、黄小兵:《公众参与架构下的新农村规划决策》,载《城市发展研究》2006 年第 3 期。

50. 杜涛、马惠兰:《村镇规划:盘活农村闲置宅基地的途径选择》,载《广东土地科学》2008 年第 6 期。

51. 李玉德:《青海省农村宅基地现状的调查思考》,载《青海国土经略》2011 年第 3 期。

52. 薛绍斌:《论资源配置与我国社会主义市场经济体制的抉择》,载《党史博采(理论)》2007 年第 5 期。

53. 江平:《私有财产权的保护》,载《中国司法》2004 年第 7 期。

54. 龙开胜、刘澄宇、陈利根:《农民接受闲置宅基地治理方式的意愿及影响因素》,载《中国人口 · 资源与环境》2012 年第 9 期。

55. 姚丽、魏西云、章波:《北京市郊区宅基地流转问题研究》,载《中国土地》2007 年第 2 期。

56. 尹放鸣、尹东风、龚毅、欧志强:《常德农村宅基地管理现状调查及对策探讨》,载《国土资源导刊》2009 年第 2 期。

57. 中国土地勘测规划院地政研究中心:《我国城市郊区宅基

地问题研究》,载《中国土地》2007 年第 1 期。

58. 梁慧星:《审理合同纠纷案件的若干问题》,载《法律适用》2012 年第 12 期。

59. 李延荣:《集体建设用地流转要分清主客体》,载《中国土地》2006 年第 2 期。

60. 倪静、杨庆爱、鲁春阳、文枫、翟辉:《重庆市江津区农村宅基地流转收益分配探析》,载《西南大学学报》(自然科学版)2010 年第 12 期。

61. 欧阳安蛟、蔡锋铭、陈立定:《农村宅基地退出机制建立探讨》,载《中国土地科学》2009 年第 10 期。

62. 彭长生、范子英:《农户宅基地退出意愿及其影响因素分析——基于安徽省 6 县 1431 个农户调查的实证研究》,载《经济社会体制比较》2012 年第 2 期。

63. 刘桂峰:《我国农村宅基地有偿退出问题研究——以南京市的实践为例》,载《天津农业科学》2015 年第 4 期。

64. 诸培新、叶琦:《农户分化下农民宅基地退出意愿差异性研究——基于江苏省 886 个样本数据》,载《农林经济管理学报》2015 年第 3 期。

65. 杨璐璐:《沿海地区农民宅基地退出意愿的实证分析——以福建省晋江市为例》,载《财经问题研究》2016 年第 1 期。

66. 王静、于战平、李卉:《农户宅基地退出意愿及其影响因素分析——基于王口镇和独流镇的调查》,载《农村经济》2015 年第 1 期。

67. 徐兴亚、陈琴:《开发利用荒旧宅基地资源》,载《中国农业资源与区划》2000 年第 2 期。

68. 祁黄雄、陆建广:《农村宅基地开发利用的案例研究——

浙江联众公司“城仙居”模式利弊分析》，载《中国土地科学》2010年第5期。

69. 陈蕾：《浅析农家乐的兴亡与发展》，载《四川经济管理学院学报》2004年第3期。

70. 曾芳芳、朱朝枝：《休闲农业视野下闲置宅基地开发合理意蕴探析》，载《东南学术》2013年第3期。

71. 王亚维：《“空心村”形成的原因与对策》，载《山东国土资源》2005年第10期。

72. 丁晶：《限制宅基地使用权流转：维护农民利益的最佳选择》，载《特区经济》2010年第3期。

73. 韩康、肖刚：《积极探索建立有中国特色的农村宅基地市场——启动农村宅基地市场化改革研究》，载《理论前沿》2008年第13期。

74. 赵新龙、王直妹：《我国农村宅基地使用权流转的问题与出路》，载《长江大学学报》（社会科学版）2014年第6期。

75. 陈红川：《“互联网+”背景下现代农业发展路径研究》，载《广东农业科学》2015年第16期。

76. 彭海静、郦丽、江敏：《基于“互联网+”的苏北农村地区新型城镇化建设研究》，载《中国管理信息化》2016年第1期。

77. 严圣艳、许安心：《我国“互联网+农村流通业”发展面临的问题与思路》，载《经济纵横》2016年第1期。

78. 胡永洲：《构建“互联网+农业”智能生产模式的思考》，载《唯实》（现代管理）2015年第6期。

79. 蔡继明：《新中国土地制度60年：回应与展望》，载《中国国情国力》2009年第9期。

80. C. Paul Nathanial, “Sustainable Brownfield Regeneration”,

Real Estate Finance Econ. ,2010,10.

81. Dennis A. ,"The Impact of Small Brownfield's and Green spaces on ResidanitiaValues",*Real Estate Finance Econ.* , 2006.

82. Burnley,I. H. Murphy,P. A. ,"Change,Country or Cycles: The Population Turnaround in New South Wales", *Jounral of Population Research*,2002.

83. 计思敏:《广西落实"一户一宅":闲置宅基地退出收益全部返还农村》,载澎湃新闻网:http://www. thepaper. cn/www/resource/jsp/newsDetail_forward_1261314_1,最后访问日期:2015年11月20日。

84.《义乌昨发放全国首笔农村宅基地抵押贷款》,载 http://news. jh. fang. com/2015 - 12 - 29/18824469. htm,最后访问日期:2016年3月2日。

85.《农行开展农民住房财产权抵押贷款试点最高可贷300万》,载 http://bank. hexun. com/2016 - 03 - 10/182678407. html,最后访问日期:2016年3月10日。

86.《重庆市户籍制度改革农村宅基地退出与利用政策解读》,载重庆市国土资源与房屋管理局公众信息网:http://www. cqgtfw. gov. cn/gzdt/td/201008/t20100812_153644. html,最后访问日期:2016年3月13日。

87.《土地管理法修改列入一类立法项目》,载法制网:http://www. legaldaily. com. cn/index_article/content/2016 - 02/16/content_6485131. htm? node = 5955,最后访问日期:2016年3月20日。

88.《自治区国土资源厅精心组织全面摸清我区农村闲置宅基地现状》,载宁夏回族自治区国土资源厅网:http://www.

nxgtt. gov. cn/Content. jsp? urltype = news. NewsContentUrl&wbnewsid = 205720&wbtreeid = 1132，最后访问日期：2015 年 11 月 8 日。

三、规范性文件

1.《中共中央关于全面深化改革若干重大问题的决定》

2.《中共中央关于完善社会主义市场经济体制若干问题的决定》

3.《中共中央关于推进农村改革发展若干重大问题的决定》

4.《中共中央关于全面推进依法治国若干重大问题的决定》

5.《中共中央、国务院关于促进小城镇健康发展的若干意见》

6.《中共中央、国务院关于加快发展现代农业　进一步增强农村发展活力的若干意见》

7.《中共中央、国务院关于加大统筹城乡发展力度进一步夯实农业农村发展基础的若干意见》

8.《中共中央、国务院关于推进社会主义新农村建设的若干意见》

9.《关于加大改革创新力度加快农业现代化建设的若干意见》

10.《关于农村土地征收、集体经营性建设用地入市、宅基地制度改革试点工作的意见》

11.《中华人民共和国宪法》

12.《中华人民共和国民法通则》

13.《中华人民共和国土地管理法》

14.《中华人民共和国农村土地承包法》

15.《中华人民共和国农业法》

16.《中华人民共和国物权法》

17.《中华人民共和国村民委员会组织法》

18.《中华人民共和国担保法》

19. 最高人民法院《关于贯彻执行〈中华人民共和国民法通则〉若干问题的意见(试行)》

20.《国有土地上房屋征收与补偿条例》

21.《关于加强国有土地资产管理的通知》

22. 国务院《关于深化改革严格土地管理的决定》

23. 国务院《关于加强土地调控有关问题的通知》

24.《关于制止农村建房侵占耕地的紧急通知》

25.《村镇建房用地管理条例》

26. 国务院《关于开展农村承包土地的经营权和农民住房财产权抵押贷款试点的指导意见》

27.《关于农村集体土地确权登记发证的若干意见》

28.《节约集约利用土地规定》

29.《关于推进土地节约集约利用的指导意见》

30.《关于加强土地转让管理严禁炒卖土地的通知》

31.《关于加强农村宅基地管理的意见》

32. 国务院办公厅《关于进一步做好治理开发农村"四荒"资源工作的通知》

33.《农村土地承包经营权流转管理办法》

34.《闲置土地处理办法》

35.《土地权属争议调查处理办法》

36. 安徽省《关于加强农村宅基地管理工作的通知》

37. 广西壮族自治区《关于农村闲置宅基地整治利用的实施意见》

38. 浙江省淳安县《关于加强农村闲置宅基地管理的通知》

39. 上海市《关于鼓励本市村民宅基地让出给农村集体经济组织的实施细则(试行)》

40. 重庆市人民政府办公厅《关于加快农村土地流转促进规模经营发展的意见(试行)》

41.《南京市农村宅基地有偿退出与利用暂行办法》

42.《重庆市户籍制度改革农村土地退出与利用办法(试行)》

43. 成都市《关于完善建设用地指标交易制度促进农村土地综合整治的实施意见》

附录：农村宅基地调查问卷

1. 你们家现在有几处宅基地？大概多少平方米？

   A. 1 处，约(　　)平方米

   B. 2 处，约(　　)平方米

   C. 3 处，约(　　)平方米

   D. 4 处，约(　　)平方米

2. 你们村根据什么取得宅基地？

   A. 儿子的数量

   B. 子女的数量

   C. 钱的多少

   D. 权力的大小

   E. 地位、关系等

3. 你们家有没有领到宅基地使用权证？

   A. 领到了

   B. 没有领到

C. 不清楚

D. 部分领到了,部分没有

4. 你认为宅基地是否应该缴费?

A. 不需要

B. 只缴纳少量手续费

C. 应按照买卖宅基地的价格缴费

D. 其他

5. 你认为宅基地使用权是否应该有期限?多少年合适?

A. 不应该,长期,世代居住

B. 有期限,30 年

C. 其他

6. 你们村里有没有将宅基地用作建设住房以外的经营性用房的?

A. 没有

B. 有

C. 不知道

7. 你觉得这种情况应不应该允许?

A. 不应该

B. 应该

C. 看情况

D. 其他

8. 村里有没有人将宅基地转给他人使用?

A. 有——方式主要有?

a. 买卖;b. 赠与;c. 继承;d. 其他

B. 没有

9. 如果有,转让后还能申请到宅基地吗?

A. 不能

B. 能

C. 不清楚

10. 村里宅基地是否有出租、抵押的情况?

A. 都有

B. 只有出租,没有抵押

C. 只有抵押、没有出租

D. 都没有

11. 村里有没有人将宅基地转让给城镇人?

A. 有

B. 没有

C. 不清楚

12. 你认为是否应该允许农户把宅基地转让给城镇人?

A. 应该

B. 不应该

C. 无所谓

D. 其他

13. 如果允许转让,应该具备什么条件?

A. 只要农户愿意就行

B. 农户全家迁入城市,转为非农业户口

C. 在房屋继承中,遗产分割后房屋所有人具有非农业户口或者不属于本村村民

D. 农户全家成为其他村村民

14. 据你了解,本村是否有房屋闲置?

A. 有

B. 没有

15. 闲置的原因是什么？

A. 去城市打工

B. 老人去世，子女在城里工作

C. 其他

16. 本村宅基地是否能够继承？

A. 能

B. 不能

C. 不清楚

17. 如果是城市户口的继承后，一般如何处理？

A. 出租

B. 卖掉房子

C. 继续居住

D. 宅基地收回，房子按市价补偿

E. 其他

18. 你觉得什么情况下应该收回宅基地？

A. 为本集体公益事业需要使用土地的

B. 不按用途使用的情形

C. 宅基地无人使用的（是否有年限限制？）

D. 全家变为非农业户口的

E. 被城市户口继承又不居住的（是否有年限限制？）

F. 其他

19. 你认为宅基地上的房屋能否买卖？房地是否应该分离？

A. 能买卖，应该分离

B. 能卖，不能分离

C. 不能买卖，不能分离

D. 其他

20. 城里人到本村买房子的多吗?

A. 不多

B. 多

C. 不清楚

后　记

本书是在我的博士学位论文基础上修订而成的。回想从博士研究生入学考试到后来博士学位论文的完成,再到这本书的出版,岁月匆匆、时光易逝。这一路走来,凝聚了太多的酸甜苦辣,令人感慨万千。也非常感谢这些年来一直给我支持、鼓励和帮助的父母、家人和各位良师益友。

从小在土里生、土里长的我出生于甘肃省古浪县西靖乡翻身台村,这里背靠祁连山、面朝腾格里,属于半山区和农业区,那是真正的黄土高坡。有连绵起伏的山丘、一块块碎片一样的干涸的旱地,以及春季漫天的大风沙或沙尘暴。父母曾对我说,我出生的那天,正好是我们村里集体土地承包到户的日子。因为我的出生,我们家增加了一口人,也就多分了一份地，父母自然非常高兴，毕竟在那个时候，多一份土地就意味着家庭生活多一份保障。而我也注定了从出生就与土地结缘，在土地里学会了翻身、打滚、爬行、走路和奔跑，以至于小时候经常捡到小土块就往嘴里塞，被父母发现了就要挨打，但我却乐此不疲，总是趁他们不注意的时候将小土块塞进嘴里。这些趣事到现在还是家人聚会时，父母"嘲笑"我的重要证据。

家乡土地留给我最深刻印象的还是我一辈子"面朝黄土背朝天"在土地上辛勤劳作的父母。在我从小的记忆里，父母总是早出晚归，在自家的承包地里"挖光阴"，从春天的播种到夏天的麦收，再到秋天的犁地，年复一年，父母辛勤的汗水换成了一颗颗金黄的麦粒，寄托和承载着我们家的全部希望。尤其是夏天的麦收（我们称之为"拔田"），在将近一个月的时间里每天都头顶烈日，蹲在地里用双手将一根根麦子从土里面拔出来，那种劳作对个人身体和意志都是极大的考验。我记得每年拔田父母手指上都缠着厚厚的布条，穿着打了补丁的衣服，跪在地里一步一步地往前挪着。父亲弯曲的胳膊、风湿性的膝盖和反复发作的腰病都是几十年耕作土地的"工伤"。而且，地里的收成时好时坏，好的时候能满足一家人一年的口粮，要是遇上大旱的年份，那就意味着绝收，一家人一年吃饭都成问题。因此，父亲每年冬天都要到外地去打工挣钱补贴家用。正是我父母常年以来艰辛的付出和努力以及无私的爱才成就了我的今天。感恩黄土地，给了我们生存的希望！感恩父母，成为我前进的动力和坚强的后盾！虽然离开家乡已经十几年了，但我现在每年都会回去看看那片曾经养育了我的黄土地，因为我深深地爱着那片土地，深深地爱着我的父母。摸摸它的皮肤，闻闻它的味道，站在那片黄土地上，才明白什么是真正的脚踏实地。敬畏天地、孝顺父母，作为农民的儿子，从小在土里长大的我，这篇关于农村土地的著作应该是对你们最好的致敬和感谢。

衷心感谢我的博士研究生导师杨遂全教授。从博士入学到后来毕业论文的顺利完成，我的每一步都凝聚了杨老师辛勤的汗水和心血。在课堂上，杨老师对农村土地的观点令我耳目一新，极受启发。也正是杨老师对农村闲置宅基地的独特视角，让我决定以此为题来撰写毕业论文。在论文选题论证的过程中，杨老师每次都能耐心、认真地解答我的疑惑。在论文写作过程中，杨老师也是一次次认真负责地对我的论文进行修改，提出更具前瞻性和创新性的观点，使我受益匪浅。还记得最好的时光就是在川大美丽的江安校区和杨老师在饭后散步聊天，师徒二人边走边聊，从学术到政治、从生活到人生、从国内到国外，无所不谈。有时候杨老师还会带我到他在江安花园的菜地进行实践教学，和他一起在地里除草浇水。正是在这一次次的聊天和交流中，启发了我对农村土地问题的很多思考。杨老师渊博的学术知识、严谨的治学态度、和蔼可亲的待人风格都是我终身学习的榜样和楷模。谢谢您，杨老师！

特别感谢梁慧星教授对本书结构和写作方法的指导，梁慧星教授的指导促使我就闲置宅基地问题进行了充分的调研和更深入的思考。感谢四川大学法学院的龙宗智教授、张家勇教授、陈界融教授、徐继敏教授、周伟教授、王建平教授、王竹教授，他们的课堂、讲座与平时的交流，使我能够用更加开阔的视野进行学术研究和写作，也让我能够以更加积极进取的态度投入以后的法学研究和教育中去。

非常感谢我的师兄陶钟太郎博士。自我入学以来，他一直给予我最亲切和温暖的关怀与问候，而且总是在我写作最困难的时候给我指点、鼓励和信心。也非常感谢刘颖博士、孙阿凡博士、王伟博士、陈宇博士、周聪博士、张明涛博士、陈长宁博士等各位同学,与你们在川大江安校园的散步和交流总能给我最大的安慰和鼓励。

感谢四川大学和西北民族大学的校际合作给了我这样一个非常好的学习机会,使我能够在川大美丽的江安校园静心读书写作。感谢西北民族大学法学院的各位领导和同事,能够让我在自由开放的环境中开展教学和研究工作。感谢我在调研期间给我提供便利的古浪县人民法院、古浪县国土局、张家川回族自治县人民法院、张家川回族自治县国土局以及其他单位的诸位领导和农民朋友们!

在本书编辑出版过程中,非常感谢法律出版社刘晓萌编辑认真负责的校对和审阅。也衷心感谢对本书内容提出宝贵修改意见的所有老师和同学,以及所有参与博士学位论文评审答辩并提出宝贵意见的各位老师及专家。

祁全明

2018 年 9 月 28 日于甘肃兰州

图书在版编目(CIP)数据

农村闲置宅基地治理法律问题研究 / 祁全明著. --
北京 : 法律出版社, 2018
ISBN 978 -7 -5197 -2744 -4

Ⅰ. ①农… Ⅱ. ①祁… Ⅲ. ①农村-住宅建设-土地
管理法-研究-中国 Ⅳ. ①D922.324

中国版本图书馆 CIP 数据核字(2018)第 225839 号

农村闲置宅基地治理法律问题研究 NONGCUN XIANZHI ZHAIJIDI ZHILI FALÜ WENTI YANJIU	祁全明 著	策划编辑 刘晓萌 责任编辑 沈小英 刘晓萌 装帧设计 李 瞻

出版 法律出版社
总发行 中国法律图书有限公司
经销 新华书店
印刷 北京虎彩文化传播有限公司
责任校对 王晓萍
责任印制 吕亚莉

编辑统筹 财经法治出版分社
开本 A5
印张 8.375
字数 208 千
版本 2018 年 10 月第 1 版
印次 2018 年 10 月第 1 次印刷

法律出版社/北京市丰台区莲花池西里 7 号(100073)
网址/www. lawpress. com. cn
投稿邮箱/info@ lawpress. com. cn
举报维权邮箱/jbwq@ lawpress. com. cn
销售热线/010 -83938336
咨询电话/010 -63939796

中国法律图书有限公司/北京市丰台区莲花池西里 7 号(100073)
全国各地中法图分、子公司销售电话:
统一销售客服/400 -660 -6393
第一法律书店/010 -83938334/8335 西安分公司/029 -85330678 重庆分公司/023 -67453036
上海分公司/021 -62071639/1636 深圳分公司/0755 -83072995

书号:ISBN 978 -7 -5197 -2744 -4 **定价**:56.00 元
(如有缺页或倒装,中国法律图书有限公司负责退换)